QUE SABEMOS SOBRE A BÍBLIA?

ARIEL ÁLVAREZ VALDÉS

QUE SABEMOS SOBRE A BÍBLIA?

II

EDITORA SANTUÁRIO
Aparecida-SP

Dados Internacionais de Catalogação na Publicação (CIP)
(Câmara Brasileira do Livro, SP, Brasil)

Álvarez Valdés, Ariel
Que sabemos sobre a Bíblia? Ariel Álvarez Valdés; | tradução Afonso Paschotte |. — Aparecida, SP: Editora Santuário, 1997.

Título original: ¿ Qué sabemos de la Biblia?
Obra em 3 v.
ISBN 85-7200-481-5 (v. 1) — ISBN 85-7200-482-3 (v. 2) — ISBN 85-7200-483-1 (v. 3)

1. Bíblia - Estudo e ensino 2. Bíblia - Leitura I. Título.

97-2253 CDD-220.07

Índices para catálogo sistemático:

1. Bíblia: Estudo e ensino 220.07

Título original: *¿Qué sabemos de la Biblia? II*

ISBN 950-724-353-5

Tradução de Pe. Afonso Paschotte, C.Ss.R.

Composição, impressão e acabamento:
EDITORA SANTUÁRIO - Rua Padre Claro Monteiro, 342
Fone: (012) 565-2140 — 12570-000 — Aparecida-SP.

Ano: 2005 2004 2003 2002
Edição: **11 10 9 8 7 6 5**

PRÓLOGO

Uma manhã estava eu ministrando um curso bíblico numa paróquia, a convite de um sacerdote amigo. O tema eram os novos enfoques da Igreja Católica em relação à Bíblia. Quando encerrei a palestra do dia sobre os gêneros literários do livro do Gênesis, aproximou-se de mim um senhor que, num tom de vítima, me disse:

— Padre, o senhor não sabe quanta paz sua conferência me trouxe hoje.

Fiquei surpreso, pois não conseguia imaginar que paz poderia produzir uma exposição sobre os gêneros literários. Então lhe perguntei:

— Em que lhe ajudou este tema?

— Olhe, padre — respondeu-me ele —, eu sempre tinha como fato rigorosamente histórico o episódio da arca de Noé e do Dilúvio universal. E durante toda a minha vida esforcei-me para acreditar em cada um dos detalhes que ali se conta e para aceitá-los. Havia, porém, algo que me perturbava e me deixava inquieto.

— O que o perturbava sobre Noé? — insisti.

— É que no Gênesis conta-se que quando terminaram os quarenta dias de chuva, Noé, para ver se as águas tinham baixado e poder descer da arca, soltou primeiro um corvo que imediatamente regressou porque não tinha onde pousar. Depois soltou várias vezes a pomba, até que ela não voltou porque as águas tinham secado. Então Noé pôde sair. Pois bem, se a pomba não mais voltou e havia um único casal de cada espécie na arca, com quem o pombo se reproduziu depois?

Fiquei assombrado por ver que alguém podia preocupar-se com um detalhe deste, mas concluí que ele tinha razão.

— Sempre tive a sensação — continuou ele —, de que estavam me enganando com a Bíblia, que me obrigavam a acreditar em algo que não me convencia de forma alguma. Agora, quando ouvia o senhor dizer que o relato de Noé é didático, que pretende somente deixar-nos uma mensagem e que não é preciso que creiamos que tudo aconteceu realmente, sinto-me de novo reconciliado com a Bíblia.

Pensei muitas vezes nisso que me aconteceu. E pensei também quantos existirão que, ao ouvir certas passagens das Escrituras, crêem que estão obrigados a aceitá-las tais como soam, mesmo que lhes pareçam absurdas. A tal ponto que certas pessoas supõem que quanto mais absurdo é o que crêem, tanto maior é sua fé.

A nova exegese bíblica da Igreja Católica, ao contrário, ajuda a perceber que razão e fé não se contradizem. As duas procedem de Deus e portanto devem coincidir no que ensinam, ainda que o façam sob pontos de vista diferentes. Os ensinamentos de Deus, se bem que muitas vezes superem nossa capacidade de entendimento, são totalmente lógicos e coerentes. O Deus que se revela em Jesus Cristo é um Deus de ordem e quer que todos os homens captem essa ordem, esse plano, essa lógica de sua Palavra.

Para reafirmar isso vem bem ao caso o que dizia o presidente norte-americano Bill Clinton numa recente entrevista à revista Catholic News. Apesar de pertencer à Igreja Batista, confessava estar entusiasmado com a Universidade dos padres jesuítas. E acrescentava: "Uma das coisas que colhi de minha educação católica é um verdadeiro respeito pelo dever de desenvolver nossa mente. É compreender que as obrigações religiosas implicam mais que as meras emoções. Há um rigor intelectual e, se você tem inteligência, tem a obrigação de desenvolvê-la, de aprender a pensar e a conhecer as coisas e logo agir com mais domínio sobre elas, porque sabe mais e pode pensar melhor".

Este segundo volume do livro "QUE SABEMOS DA BÍBLIA?" reúne uma nova série de dez artigos já aparecidos em diferentes diários e revistas do país. Neles procuramos mostrar como a razão não é inimiga da fé. Ao contrário, que ela deve servir-lhe de ótima ferramenta para ajudar a aprofundar melhor a Palavra de Deus e a fazer se sentir melhor aqueles que viajam através dela.

Como no volume anterior, este livro não ensina nada de novo.

Pretende unicamente expor algumas questões dos atuais estudos bíblicos católicos que outros autores vêm propondo há alguns anos, mas que, por se encontrarem em grossos e pouco acessíveis volumes e, além do mais, num linguajar demasiado técnico e científico, a maioria das pessoas não têm possibilidade de lê-los. Aqui, ao contrário, tenta-se expô-las aos não-especialistas numa forma singela, simples e compreensível, para preencher o vazio de divulgação que existe em nosso meio sobre estes temas e estabelecer uma ponte entre as investigações dos exegetas e o povo de Deus.

Devido ao fato que o primeiro volume começou a ser usado em alguns colégios secundários para discussão e debate entre os alunos sobre estes temas, assim como em reuniões paroquiais, em grupos bíblicos e de oração, incluímos agora, no final deste livro, um questionário para cada capítulo, para que aqueles que desejarem, possam usá-los para refletir comunitariamente e enriquecer-se mais ainda a partir das contribuições pessoais dos demais.

Se depois de lido vier a contribuir em algo para despertar a fome da leitura da Bíblia, dar-se-iam por satisfeitas as aspirações do autor.

QUEM PÔS CAPÍTULOS NA BÍBLIA?

Um detalhe não previsto pelos autores

Dentro das centenas de páginas que a Bíblia contém, é muito fácil encontrar uma determinada palavra ou frase em pouquíssimo tempo, graças ao sistema de capítulos e versículos que ela tem, e que se emprega para citá-las.

Mas quando os autores compuseram as obras que logo formariam a Bíblia, não as dividiram assim. Com efeito, nunca imaginaram, enquanto cada um escrevia seu livro, que ele terminaria sendo lido por milhões e milhões de pessoas, explicado ao longo dos séculos, comentado em cada uma de suas frases, analisado em seu estilo literário. Eles simplesmente deixaram correr a pena sobre o papel sob a inspiração do Espírito Santo, e compuseram um texto longo e contínuo desde a primeira até a última página.

Foram os judeus que, reunindo-se aos sábados nas sinagogas, começaram a dividir em seções a Lei (ou seja, os cinco primeiros livros bíblicos, o Pentateuco), e também os Profetas, para poder organizar a leitura contínua.

Nasceu, assim, a primeira divisão da Bíblia, neste caso do Antigo Testamento, que era de tipo *litúrgico,* uma vez que era usada nas celebrações cultuais.

A tentativa judaica

Como os judeus procuravam ler toda a Lei no decorrer de um ano, dividiram-na em 54 seções (tantas semanas quantas tem o ano) chamadas *perashiyyot* (divisões). Estas separações estavam assinaladas nas margens dos manuscritos, com a letra “p”.

Os Profetas não foram totalmente divididos em *perashiyyot,* como a Lei, mas selecionaram 54 trechos deles, chamados *haftarot* (despedidas), porque, com sua leitura, se encerrava a leitura da Bíblia nas funções litúrgicas.

O Evangelho de São Lucas (cf. 4,16-19) conta que, em certa ocasião Jesus foi visitar Nazaré, sua terra natal, onde se criara, e quando chegou o sábado, foi pontualmente à sinagoga para participar do ofício, como todo bom judeu. E convidaram-no a fazer a leitura dos Profetas. Então, foi para a frente, tomou o rolo e leu o *haftarah* que tocava àquele dia, isto é, a seção dos Profetas correspondente a esse sábado. Lucas informa-nos que pertencia ao profeta Isaías e que era o parágrafo que hoje faz parte do capítulo 61, segundo nosso moderno sistema de divisão.

A tentativa cristã

Os primeiros cristãos assumiram dos judeus este costume de reunir-se semanalmente para a leitura dos livros sagrados. Acrescentaram, porém, à Lei e aos Profetas os livros correspondentes ao Novo Testamento. Por isso resolveram dividir também esses rolos em seções ou capítulos para uma leitura mais fácil na celebração eucarística.

Alguns manuscritos antigos, do século V, chegaram até nós. Neles aparecem estas primeiras tentativas de divisões bíblicas. Por eles sabemos, por exemplo, que na antiga classificação Mateus tinha 68 capítulos, Marcos 48, Lucas 83 e João 18.

Com essa divisão dos textos bíblicos logrou-se uma melhor organização na liturgia e uma celebração da Palavra mais sistematizada. Como também serviu para um estudo melhor da Sagrada Escritura, já que facilitava enormemente encontrar certas seções, perícopes ou frases que normalmente gastaria muito tempo achá-las nesse volumoso livro.

O trabalho de um arcebispo

Com o correr dos séculos, cresceu o interesse pela Palavra de Deus, para lê-la, estudá-la e conhecê-la com maior precisão. Já não eram suficientes essas divisões litúrgicas. Fazia falta uma mais exata, baseada em critérios mais acadêmicos, com os quais se pudesse seguir um esquema ou descobrir alguma estrutura em cada livro. Além do mais, impunha-se uma divisão de todos os livros da Bíblia e não só dos que eram lidos nas reuniões cultuais.

O mérito de ter começado esta divisão de toda a Bíblia em capítulos, tal como se encontra hoje, é de Estêvão Langton, futuro arcebispo de Canterbury (Inglaterra).

Em 1220, antes de ser consagrado bispo, quando professor na Sorbona, em Paris, decidiu criar uma divisão em capítulos mais ou menos iguais. Seu êxito foi tão grande que todos os doutores da Universidade a adotaram e com isso seu valor ficou consagrado na Igreja.

Conserva-se o manuscrito

Langton tinha feito sua divisão sobre um novo texto latino da Bíblia, a Vulgata, que acabava de ser corrigido e purificado de velhos erros de transcrição. Essa divisão foi logo copiada no texto hebraico e mais tarde transcrita na versão grega, chamada dos Setenta.

Quando Estêvão Langton morreu, em 1228, os livreiros de Paris já haviam divulgado sua criação em uma nova versão latina que tinham acabado de editar. Tratava-se da "Bíblia parisiense", a primeira da história em capítulos.

Foi tão grande a aceitação da obra minuciosa do futuro arcebispo, que até os judeus a admitiram em sua Bíblia hebraica. Com efeito, em 1525, Jacob ben Jayim publicou uma bíblia rabínica, em Veneza, que continha os capítulos de Langton. Desde então o texto hebraico herdou esta mesma classificação.

Ainda hoje se conserva, na Biblioteca Nacional de Paris, sob o número 14.417, a Bíblia latina que o arcebispo usou em seu trabalho e que, sem sabê-lo, se espalharia pelo mundo todo.

Mais curtas são melhores

Mas, à medida que o estudo bíblico ganhava em precisão e minuciosidade, essas grandes seções de cada livro, os capítulos, mostravam-se ineficazes. Era preciso subdividi-los em porções menores, com numerações próprias, nas quais se pudessem localizar, com rapidez e exatidão, as frases e palavras desejadas.

Uma das tentativas mais célebres foi a do dominicano italiano Santos Pagnino, que publicou em Lião, em 1528, uma Bíblia subdividida toda ela em versículos, ou seja, em frases mais curtas que oferecem um sentido mais ou menos completo.

Contudo, não seria dele a glória de ser o autor de nosso atual sistema de classificação de versículos, mas sim de Roberto Stefano, um editor protestante. Achou boa a divisão que Santos Pagnino fizera para os livros do Antigo Testamento e resolveu adotá-la, depois de pequenos retoques. Mas, curiosamente, o dominicano não havia dividido em versículos os sete livros deuterocanônicos (Tobias, Judite, 1 e 2 Macabeus, Sabedoria, Eclesiástico e Baruc) e assim Stefano teve de completar o trabalho.

O trabalho definitivo

Por outro lado, não gostou da divisão do Novo Testamento e decidiu substituí-la por outra, elaborada por ele mesmo. Seu filho conta-nos que fez isto durante uma viagem a cavalo de Paris a Lião.

Publicou primeiro o Novo Testamento, em 1551, e depois a Bíblia completa, em 1555. Foi ele, então, o organizador e divulgador do uso de versículos em toda a Bíblia, sistema este que, com o tempo, se imporia em todo o mundo.

Esta divisão, como a anterior, em capítulos, foi igualmente feita sobre um texto latino da Bíblia. Em 1572 publicou-se a primeira Bíblia hebraica com versículos.

Finalmente o Papa Clemente VIII fez publicar uma nova versão da Bíblia, em latim, para uso oficial da Igreja, pois o texto anterior, de tanto ser copiado à mão, tinha-se deformado. A obra apareceu no dia 9 de novembro de 1592 e foi a primeira edição da Igreja Católica com a já consagrada divisão de capítulos e versículos.

Não saiu totalmente bem

Desta maneira ficou constituída a estrutura atual que todas as nossas Bíblias apresentam. Mas, longe de serem perfeitas, estas divisões mostram muitas deficiências, que revelam o modo arbitrário com que foram feitas e que os estudiosos atuais podem detectá-las, mas quem as fez não estava em condições de sabê-lo.

Por exemplo, Estevão Langton, no Livro da Sabedoria, interrompe um discurso sobre os pecadores, para colocar o capítulo 2, quando o normal seria tê-lo colocado um versículo mais acima, onde naturalmente começa. Outro exemplo mais grave é o capítulo 6 de Daniel, que começa no meio de uma frase não concluída, quando deveria ter sido colocadas algumas palavras mais adiante.

Os versículos exibem também esta inexatidão. Um dos casos mais curiosos é o do Gênesis 2, onde o versículo 4 abrange duas frases. A primeira pertence a um relato do século VI e a segunda a outro... quatrocentos anos depois! E ambos fazem parte dum mesmo versículo. Da mesma forma em Isaías 22, a primeira parte do versículo 8 pertence a um oráculo do profeta, enquanto que a segunda, de outro estilo e teor, foi escrita duzentos anos mais tarde.

Entende-se, sem dúvida, que seu criador ia a cavalo quando os compôs.

É muito o que se sabe

A disposição da Bíblia em capítulos e em versículos foi o começo de um estudo cada vez mais profundo desse livro.

Hoje conhecemos até os mínimos detalhes da Bíblia. Sabemos que tem 1.328 capítulos, 40.030 versículos, 773.692 palavras. As letras são 3.566.480. A palavra Javé, o nome sagrado de Deus, aparece 6.855 vezes. O salmo 117 encontra-se exatamente na metade da Bíblia. Se alguém toma a primeira letra "t" hebraica na primeira linha do Gênesis e depois anota as seguintes letras número 49 (49 é o quadrado de 7), aparece a palavra hebraica *Torá* (Lei) escrita perfeitamente.

O livro foi colocado no computador, foi minuciosamente analisado, cuidadosamente enumerado em todos os sentidos e foram descobertas todas as combinações e os cálculos mais curiosos e inimagináveis. Encontrou-se a freqüência constante de determinadas palavras ao longo dos diferentes livros, fato misterioso, uma vez que quem os escreveu não sabia que ia acabar fazendo parte de um volume mais grosso.

Foi submetido a todos os estudos que se podem fazer. Agora só nos falta decidir a viver o que ensina e a crer no que nos promete, com o mesmo afinco.

O MUNDO FOI CRIADO DUAS VEZES?

No princípio, um problema

Quem lê a Bíblia sem estar prevenido vê-se diante de um grande problema, já na primeira página: no início do Gênesis não só encontramos duas vezes o relato da criação do mundo, mas, além disso, de maneira tão contraditória que nos deixa perplexos.

De fato, Gn 1 conta o relato, tantas vezes ouvido quando éramos crianças, na catequese, segundo o qual no começo dos tempos tudo era caos e vazio, até que Deus resolveu pôr ordem nessa confusão. Antes de se pôr a trabalhar, semelhante a qualquer operário, a primeira coisa que fez foi acender a luz (cf. 1,3). Por isso no primeiro dia da criação surgiram as manhãs e as noites.

Depois decidiu colocar um teto na parte superior da terra para que as águas do céu não a inundassem. E criou o firmamento. Quando viu que o solo era só uma mistura lamacenta, secou uma parte e deixou a outra molhada, e com isso apareceram os mares e a terra firme.

E assim, com sua Palavra poderosa, foi enfeitando os diferentes estratos dessa obra arquitetônica com estrelas, sol, lua, plantas, aves, peixes e répteis. E, por último, como coroação de tudo, formou o homem, o melhor de sua criação, a quem modelou conforme sua imagem e semelhança. Decidiu, então, descansar. Havia criado alguém que podia continuar sua tarefa. Esta lhe custara seis dias. E fez tudo bem feito.

Outra vez a mesma coisa

Quando, porém, vamos ao capítulo 2, vem o espanto. Parece que não aconteceu nada antes. Estamos outra vez diante do vazio total, onde não há plantas, nem água, nem homens (cf. Gn 2,5).

Deus, novamente em cena, põe-se a trabalhar. Mas é um Deus muito diferente do relato anterior. Em vez de ser solene e majestoso, adquire agora traços muito mais humanos. Torna a criar o homem, mas desta vez não a distância e com o simples mandato de sua Palavra, quase sem se contaminar, mas o modela com o pó da terra, sopra em suas narinas e assim lhe dá a vida (cf. Gn 2,7).

Detalha-se logo, pela segunda vez, a formação de plantas, árvores e animais. E para criar a mulher emprega agora um método diferente. Faz o homem dormir, extrai-lhe uma costela, preenche com carne o vazio que ficou e modela Eva. Depois a apresenta ao homem e a dá como sua companheira ideal para sempre.

A esta altura alguém se pergunta: por que, se já temos em Gn 1 o mundo concluído, Gn 2 o cria de novo? Por acaso no início dos tempos houve duas criações?

E se contradizem

Mas o problema não pára aí. Se começarmos a fazer uma minuciosa comparação entre os dois capítulos, vamos encontrar uma longa lista de contradições que deixam o leitor pasmado.

Desde o começo chama a atenção a forma diferente de referir-se a Deus. Enquanto Gn 1 o designa com o nome hebraico de *Elohim* (Deus), Gn 2 o chama de *Javé Deus.*

O Deus de Gn 2 é descrito com aparências mais humanas, de um modo mais primitivo. Ele não cria, mas "faz" as coisas. Suas obras não vêm do nada, mas as fabrica sobre uma terra oca e árida. O Deus de Gn 1, ao contrário, é transcendente e distante. Não entra em contato com a criação, mas a faz surgir à distância, como se criasse tudo do nada.

Assim, enquanto Deus em Gn 1 aparece em toda a sua grandiosidade, majestoso, da qual ao som de sua voz vão brotando, uma a uma, as criaturas do Universo, em Gn 2, Deus é muito mais simples. Como se fosse um oleiro, modela e forma o homem (v. 7). Como um agricultor, semeia e planta as árvores do paraíso (v. 8). Como um cirurgião, opera o homem, extraindo-lhe a mulher (v. 21). Como um alfaiate, confecciona os primeiros vestidos para o casal, porque estavam nus (cf. 3,21).

Mais divergências

Enquanto em Gn 1 Deus leva seis dias para criar o mundo e no sétimo descansa, em Gn 2 todo o trabalho da criação leva apenas um dia.

Em Gn 2 Javé cria somente o homem e, dando-se conta de que está só e de que precisa de uma companheira adequada, depois de tentar dar-lhe como companheiros os animais, oferece-lhe a mulher. Em Gn 1, pelo contrário, Deus faz existir desde o princípio, simultaneamente, o homem e a mulher, como casal.

Enquanto em Gn 1 os seres vão surgindo em ordem progressiva, do menor ao maior, ou seja, primeiro as plantas, depois os animais e enfim os seres humanos, em Gn 2 cria-se primeiro o homem (v. 7), mais tarde as plantas (v. 9), os animais (v. 19), e finalmente a mulher (v. 22).

A visão que Gn 1 tem do cosmos é "aquática". Sustenta que no princípio não existia senão uma massa informe de águas primordiais e a terra a ser criada não passará de uma ilhota em meio às águas. A cosmologia de Gn 2, porém, é "terrestre". Antes que o mundo fosse criado, tudo era um imenso deserto de terra seca e estéril (v. 5), pois não havia chuva alguma. Ao ser criada, a terra será um oásis em meio ao deserto.

O segundo é primeiro

Fazendo esta leitura comparativa, ficamos surpresos, pois a Bíblia inclui uma dupla e às vezes contraditória descrição da criação.

Os estudiosos chegaram à conclusão que não poderiam ter sido escritas pela mesma pessoa e pensam antes que pertencem a diferentes autores e a épocas distintas. Como seus nomes não chegaram até nós e nunca poderemos conhecê-los, denominaram o primeiro como "sacerdotal", porque atribuíram a um grupo de sacerdotes do século VI a.C. O segundo, situado no século X a.C., recebeu o nome de "javista", porque prefere chamar a Deus com o nome de Javé.

Como se escreveram dois relatos opostos? Por que acabaram sendo ambos incluídos na Bíblia?

O primeiro a ser composto foi Gn 2, embora na Bíblia apareça em segundo lugar. Por isso tem um sabor tão primitivo, espontâneo, vivido. Durante muitos séculos foi o único relato sobre a origem do mundo que o povo de Israel tinha.

Foi escrito no século X a.C., durante a época do rei Salomão, e seu autor era um excelente catequista que sabia pôr ao alcance do povo, em forma gráfica, as mais altas idéias religiosas.

Com um estilo pitoresco e infantil, mas de uma profunda observação da psicologia humana, narra a formação do mundo, do homem e da mulher como uma parábola oriental, cheia de ingenuidade e frescor.

As contribuições vizinhas

Para isso valeu-se de antigos relatos tirados dos povos vizinhos. De fato, as antigas civilizações assíria, babilônica e egípcia tinham composto suas próprias narrativas sobre a origem do cosmos, que hoje podemos conhecer graças às escavações arqueológicas realizadas no Oriente Médio. E torna-se surpreendente a semelhança entre estes relatos e o da Bíblia.

Todos dependem de uma concepção cosmológica de um universo formado por três planos superpostos: os céus, com as águas superiores; a terra, com o homem e os animais; e o mar, com os peixes e as profundezas da terra.

O javista recolheu essas tradições populares e concepções científicas de seu tempo e as utilizou para inserir-lhe uma mensagem religiosa, que era a única coisa que lhe interessava.

A grande decepção

Quatro séculos depois de ter sido composto, uma catástrofe veio alterar a vida e a fé do povo judaico. Corria o ano de 587 a.C. e o exército babilônico, a mando de Nabucodonosor, que estava em guerra com Israel, tomou Jerusalém e levou cativo o povo.

E lá, na Babilônia, veio a grande surpresa. Os primeiros cativos começaram a chegar àquela capital e se depararam com uma cidade esplêndida, com enormes edifícios, magníficos palácios, torres com vários andares, aquedutos grandiosos, jardins suspensos, fortificações e templos luxuosos.

Eles, que se sentiam orgulhosos de serem uma nação bendita e engrandecida por Javé na Judéia, não eram senão um povo modesto com escassos recursos diante da Babilônia.

O templo de Jerusalém, construído com todo o luxo pelo grande rei Salomão e glória de Javé que o escolhera para sua morada, não era senão um pálido reflexo do impressionante complexo cultural do deus Marduk, da deusa Sin e de seu esposo Ningal.

Jerusalém, orgulho nacional, por quem todo israelita suspirava, era uma cidade apenas considerável em comparação com Babilônia e suas muralhas, enquanto seu rei, ungido de Javé, nada podia fazer diante do poderoso monarca Nabucodonosor, braço direito do deus Marduk.

Para salvar a fé

A situação não podia ser mais decepcionante. Os babilônios haviam conseguido um desenvolvimento muito maior que os israelitas. Para que haviam rezado tanto a Javé, durante séculos, e nele confiado, se o deus da Babilônia era capaz de dar mais poder, esplendor e riqueza a seus devotos?

Aquela catástrofe representou, pois, para os hebreus uma grande desilusão. Pareceu o fim de toda a esperança num Messias, e o vazio das promessas de Deus em sustentar Israel e transformá-lo no povo mais poderoso da terra.

A fé estava em perigo. O Deus dos hebreus seria mais fraco que o dos babilônios? Não seria a hora de crer num deus que fora superior a Javé, que protegera com mais eficiência seus súditos, outorgando-lhes melhores favores que os magros benefícios obtidos suplicando ao Deus de Israel?

Caíram, então, as ilusões num Deus que parecia não ter podido cumprir suas promessas e o povo, em crise, começou a passar em massa para a nova religião dos conquistadores, com a esperança de que um deus de tal envergadura melhoraria sua sorte e seu futuro.

Crer em terra estrangeira

Diante desta situação em que vivia o decaído povo judeu durante o cativeiro babilônico, um grupo de sacerdotes, também prisioneiro, começa a tomar consciência deste abatimento do povo e reage. É preciso voltar a catequizar o povo.

A religião babilônica que estava fascinando os hebreus era dualista, ou seja, admitia dois deuses na origem do mundo: um, bom, encarregado de fazer todo o belo e positivo que o homem observava na criação; outro mau, criador do mal e responsável pelas imperfeições e desgraças deste mundo e do homem.

Além disso, na Mesopotâmia pululavam as divindades menores às quais se rendiam culto: o sol, a lua, as estrelas, o mar, a terra.

No exílio Israel começou a perder progressivamente suas práticas religiosas, de modo especial a observância do sábado, sua característica recordação da libertação de Javé do Egito.

Nasce um capítulo

Aqueles sacerdotes compreenderam que o velho relato da criação que o povo tanto conhecia (Gn 2) já não servia mais. Tinha perdido sua força. Era preciso escrever um novo, onde se pudesse apresentar uma vigorosa idéia do Deus de Israel, poderoso, que expressasse supremacia, excelso entre as criaturas. Começa assim a gestar-se o Gn 1.

Por isso, neste novo relato, chama atenção a minuciosa descrição da criação de cada ser do universo (plantas, animais, águas, terra, astros do céu) para deixar bem claro que nenhuma delas eram deuses, senão simples criaturas, todas subordinadas ao serviço do homem (v. 17-18).

Contra a idéia de um Deus bom e outro mau no cosmos, os sacerdotes repetem constantemente, de forma quase obsessiva, à medida que vai aparecendo cada criatura: "e

Deus viu que era bom", ou seja, não há nenhum deus mau criador no universo. E quando cria o ser humano diz que era "muito bom" (v. 31), para não deixar nenhum espaço dentro do homem que fosse jurisdição de uma divindade do mal.

Finalmente, o Deus, que trabalha seis dias e descansa no sétimo, queria somente ser exemplo para propor aos hebreus a volta da observância do sábado.

Um Deus atualizado

Assim, a nova descrição da criação por parte dos sacerdotes era um renovado ato de fé em Javé, o Deus de Israel. Daí a necessidade de mostrá-lo solene e transcendente, tão distante das criaturas que já não precisam ser modeladas ao barro, pois bastava-lhe sua Palavra onipotente para criá-las à distância.

Cem anos depois, lá por 400 a.C., um último redator decidiu compor num livro toda a história de Israel, desde o princípio, recopiando velhas tradições. E se deparou com os dois relatos da criação. Resolveu, então, apesar das evidentes contradições, conservar os dois. Mostrou, no entanto, sua preferência por Gn 1, o relato dos sacerdotes, mais despojado de antropomorfismos, mais respeitoso e o colocou como porta de entrada de toda a Bíblia. Não quis, porém, suprimir o antigo relato do javista e o colocou a seguir, apesar das evidentes contradições. Com isso manifestava que, para ele, Gn 1 e Gn 2 relatavam, de maneira distinta, a mesma verdade revelada, tão rica, que não bastava um só relato para expressá-la.

Dois é pouco

Numa recente pesquisa nos Estados Unidos, constatou-se que 44% dos habitantes continua crendo que a criação do mundo ocorreu tal como relata a Bíblia. E muitos, atendo-se aos detalhes dessas narrativas, escandalizam-se diante das novas teorias sobre a origem do universo, da aparição do homem e da evolução.

Mas o redator final do *Gênesis* ensina algo importante. Reunindo num só relato ambos os textos, mesmo conhecendo seu caráter antagônico, mostrou que para ele este aspecto *científico* não era mais que um acessório, uma maneira de expressar-se.

O redator bíblico se perturbaria se visse que hoje substituímos esses esquemas pelo modelo mais provável do Big Bang e o da formação evolutiva do homem? Suponho que não.

A própria Bíblia, por esta justaposição pacífica de diferentes modelos cosmogônicos, manifestou sua relatividade. Os detalhes *científicos* não pertencem à mensagem bíblica. Não passam de um meio sem o qual não se poderia anunciar a mensagem.

O mundo não foi criado duas vezes. Somente uma. Mas, mesmo se o relatássemos em capítulos distintos, não terminaríamos de abraçar o mistério íntimo desta obra amorosa de Deus.

OS PATRIARCAS DO ANTIGO TESTAMENTO VIVERAM MUITOS ANOS?

O dia do primeiro dia

Em 1654, o bispo anglicano James Usher, erudito e grande estudioso da Bíblia, pensou ser possível determinar com exatidão a data da criação do mundo. Para isso mergulhou no estudo das cronologias bíblicas e, depois de árduas investigações, chegou à conclusão que o mundo tinha sido criado no dia 6 de outubro do ano 4004 antes de Cristo.

Não só fixou o dia, mas também a hora: eram 9 horas da manhã quando de repente Deus disse: "Faça-se a luz!".

Como entre Jesus Cristo e nós se passaram outros 2.000 anos, a antigüidade do universo seria hoje de uns 6.000 anos.

O bispo pôde estabelecer isto porque no livro do Gênesis temos cuidadosamente anotadas as idades de todos os antepassados da humanidade, desde Adão até Abraão. Elas somam uns 2.000 anos. Daí em diante já é mais fácil, pois todos sabemos que entre Abraão e Jesus Cristo são outros 2.000 anos, assim que no total perfazem os 4.000 anos encontrados pelo bispo.

Mas, estes dados da Bíblia são exatos? Podemos aceitar como históricas as datas de nascimento e de morte dos patriarcas bíblicos que vão desde Adão, o único homem que, segundo Usher, nasceu adulto, até Abraão, e sustentar que a criação ocorreu em 4.004?

Os patriarcas da discórdia

De fato, encontramos em Gn 5 uma lista de dez patriarcas, chamados "pré-diluvianos", porque anteriores ao relato do dilúvio universal. Eles cobrem o espaço que vai desde Adão até Noé. E em Gn 11 encontramos outro elenco de dez patriarcas, chamados "pós-diluvianos", porque posteriores ao dilúvio, e que cobrem o tempo que vai desde Noé até Abraão. Com todos eles se preenche o período entre Adão, o pai da humanidade, e Abraão, o pai de Israel.

Num primeiro momento, estas datas e dados cronológicos de cada um dos patriarcas parecem históricos. Mas, analisando um pouco melhor, deparamo-nos com três graves tropeços: os patriarcas são pouquíssimos, viveram muitos anos e suas idades vão diminuindo progressivamente.

Em relação ao primeiro problema, os estudos sobre a pré-história confirmaram que a antigüidade do homem na terra é muito maior que os 6.000 anos propostos pela Bíblia. O *homo sapiens*, antepassado do qual procede o homem moderno, remonta aos 500.000 anos. Isso sem contar que o *homo habilis*, a primeira espécie considerada humana pelos cientistas, já existia há dois milhões e meio de anos. Com ele teríamos aqui a verdadeira idade do homem sobre a terra.

Como, então, colocar entre Adão e Jesus Cristo somente 4.000 anos de diferença?

Outros dois enigmas

Em segundo lugar, chama-nos a atenção a extraordinária longevidade dos patriarcas. Com todos os avanços atuais da medicina, a média de vida do homem moderno ainda não conseguiu superar os setenta ou os oitenta anos. Como o conseguiu o homem primitivo a quem, segundo os estudos das condições sociais e higiênicas da época, as perspectivas de sobrevivência eram muito menores que as nossas?

Por fim, a Bíblia sustenta que, desde Adão em diante, o tempo de vida da humanidade foi diminuindo progressivamente. Por isso os patriarcas pré-diluvianos, os que vão desde Adão até Noé, conseguiram viver entre 1.000 e 700 anos. Os pós-diluvianos, ao contrário, morreram mais jovens, entre 600 e 200 anos.

Segundo Gênesis. Deus mesmo, cansado dos pecados dos primeiros homens, deu um decreto baixando a idade: "*E o Senhor disse: 'Meu espírito não ficará para sempre no homem, porque ele é apenas carne. Não viverá mais do que 120 anos*" (Gn 6,3). Para piorar, constatamos hoje que diminuiu mais ainda, já que dificilmente alguém chega aos anos fixados por Deus.

Mas a ciência moderna mostra-nos o contrário. A paleontologia, por exemplo, assinala que, enquanto o homem pré-histórico tinha uma média de vida de somente 29 anos, nos tempos de Jesus chegava a 50. Nos inícios do século XIX cresceu para 55 e nos primórdios do século XX a 60. E atualmente os habitantes de alguns países industrializados têm uma expectativa de vida de 75 anos.

Para que serve uma genealogia?

Os relatos da longevidade dos patriarcas estão, pois, em contradição com o que nos explicam as ciências. Por que a Bíblia parece ensinar tudo ao contrário? Ou essas cifras escondem alguma outra mensagem que se nos escapa ao interpretá-las literalmente?

Para resolver a primeira dificuldade, isto é, a pouca distância que a Bíblia coloca entre o primeiro homem e Abraão, temos de levar em conta o diferente significado que têm nossas genealogias e as bíblicas.

Para nós uma árvore genealógica é um documento de caráter biológico-histórico. Com ela justifica-se a descendência real de uma pessoa e explicam-se suas características genéticas. Portanto, não é válida a cadeia de nomes, se faltam elos.

Para a Bíblia, no entanto, uma lista genealógica é um documento de caráter jurídico que serve para legitimar determinados direitos. Daí que na lista da humanidade as palavras "pai", "gerou", "filho", designam não tanto a idéia de procriação imediata mas a transmissão de um direito. Por isso não importa que sejam incompletas.

Pois bem, o autor bíblico precisava preencher o espaço imenso que havia entre Adão, o primeiro homem, e Abraão, o primeiro personagem do Gênesis, de quem tinha notícias históricas. Os povos vizinhos preenchiam este espaço com notícias de personagens mitológicos e antepassados divinos: deuses, semideuses e heróis. E aqui aparece a grande inovação da Bíblia: para não dar asas à imaginação e evitar a tentação de cair na idolatria de divindades antepassadas, o hagiógrafo escolhe como antepassados de Israel personagens de carne e osso.

O valor de uma promessa

Na tradição giravam alguns nomes e tabelas genealógicas. E ainda que o autor sagrado estivesse consciente de que entre as origens da humanidade e Abraão houvesse transcorrido um tempo imenso, escolhe, para preenchê-lo, dez nomes somente, um número redondo, muito empregado na antigüidade por razões mnemotécnicas: era mais fácil recordá-los com os dez dedos das mãos. Daí a "casualidade" que entre Adão e Noé (patriarcas pré-diluvianos), como entre Noé e Abraão (patriarcas pós-diluvianos), tenham existido exatamente dez antepassados.

Os dados recolhidos no relato bíblico não pretendem, pois, ter um sentido estritamente histórico, nem cronológico. Os vinte nomes são vestígios de velhas tradições. Querem, no entanto, ensinar uma verdade religiosa muito importante: a promessa de um Redentor, feita em Gênesis 3,15, somente a Adão, chega até Abraão por uma cadeia ininterrupta de herdeiros. Há, pois, unidade e continuidade na história da salvação.

Somente pelo imenso valor religioso, essas antigas genealogias foram inspiradas por Deus e terminaram formando parte da Bíblia.

O invernadouro que não existiu

A longevidade dos patriarcas é o segundo problema que se nos apresenta. Até pouco tempo era tida como real e cria-se que era um sinal da vitalidade do homem em suas origens.

Alguns, hoje ainda, continuam apegados a esta interpretação literal. Recentemente um pastor protestante a explicava assim: a atmosfera deste tempo era uma espécie de invernadouro, preparado por Deus no segundo dia da criação, ao separar as águas superiores das inferiores. Esse invernadouro permitia viver em insuperáveis condições, até que foi desarmado com o dilúvio universal.

Interpretações deste tipo, além de não terem nenhum apoio científico, são inaceitáveis. De fato, um exame mais atento indica-nos melhor que o texto bíblico trabalhou com o valor simbólico dos números, como era costume no antigo Oriente.

Jogando com as idades

Por exemplo, por que Adão morreu aos 930 anos (5,5)? Porque este número é igual a 1.000 (o número de Deus, conforme o salmo 90,4) menos 70 (o número da perfeição). Quer dizer que, a Adão, por causa de seu pecado, restou o número da perfeição, não podendo, porém, alcançar o número de Deus.

Cainã, o quarto patriarca pré-diluviano (5,12), gerou seu filho aos 70 anos (número da perfeição). E depois viveu mais 840, quantidade que equivale a 3 (número da trindade) por 7 (número da perfeição) por 40 (muito usado na Bíblia e que representa uma geração).

Henoc, o sétimo da lista, viveu 365 anos, número curto mas perfeito, pois corresponde aos dias do ano, que se repete eternamente. Por isso é o único cuja morte não vem mencionada. Somente se faz esta surpreendente afirmação: "Como Henoc andava com Deus, desapareceu, porque Deus o levou" (Gn 5,24). Por isso ocupa o sétimo posto, o lugar perfeito.

Lamec, o nono, foi pai aos 182 anos, ou seja, 7 por 26 semanas (que são exatamente a metade de um ano solar). Viveu um total de 777 anos.

Também a idade de Noé é simbólica. O dilúvio aconteceu quando tinha 600 anos, ou seja, 10x60. Pois bem, 60 representa a divisibilidade máxima (por 2, 3, 4, 5, 6) e portanto a síntese do sistema sexagesimal e decimal.

Não só os diluvianos

Um dos mais interessantes jogos de números simbólicos é o das idades dos patriarcas posteriores, isto é, de Abraão, de seu filho Isaac e seu neto Jacó. A Bíblia afirma que eles morreram com a idade de 175, 180 e 147 anos, respectivamente.

Se destrinçarmos estas idades, teremos:

Abraão: 175 anos = 7 x (5 x 5)
Isaac: 180 anos = 5 x (6 x 6)
Jacó: 147 anos = 3 x (7 x 7)

Ou seja, o multiplicador começa em Abraão, com o número perfeito 7, que é um número primo. Passa para Isaac, com o número primo descendente 5, e chega a Jacó com o número primo 3. Enquanto esses números 7, 5, 3, baixam, os números multiplicados se repetem duas vezes e aumentam progressivamente: 5, 6, 7.

Mensagem que conhecemos

O enigma, porém, não termina aqui. Se, em vez de multiplicar, somarmos estes números, teremos então:

Abraão: 7 + 5 + 5 = 17

Isaac: 5 + 6 + 6 = 17

Jacó: 3 + 7 + 7 = 17

Isto é, todas as somas dão 17, que, além de ser número primo, é a idade que José, filho de Jacó e ausente na lista, tinha vivido com seu pai, quando seus irmãos o venderam ao Egito (Gn 37,2), e que mais tarde viveu junto com ele no país do Nilo (Gn 47,28).

Esses jogos complicados tinham, provavelmente, outro sentido que nós ignoramos. Igualmente o significado das idades da maioria dos patriarcas pré e pós-diluvianos escapam-nos e atualmente não sabemos com que intenção os compuseram. Seja como for, tais cifras pretendiam expressar um ato de fé: na vida dos patriarcas nada houve por acaso, suas vidas foram agradáveis a Deus até nos anos que viveram.

Receita para uma longa vida

Finalmente nos resta analisar o terceiro problema, a diminuição progressiva das idades. Esta também é uma verdade teológica. Para os escritores bíblicos, a idade de uma pessoa e sua longa vida dependem de sua fidelidade a Deus. Assim ensina, por várias vezes, o texto sagrado.

O livro do Êxodo, por exemplo, ao enumerar os dez mandamentos, aconselha: "Honra teu pai e tua mãe, para que vivas longos anos na terra que o Senhor teu Deus te dá" (Êx 20,12). E o livro dos Provérbios afirma que "o temor do Senhor prolonga os dias, mas os anos dos ímpios se encurtam" (10,27).

Portanto, que os patriarcas vivam cada vez menos não é um fato biológico, mas uma idéia teológica: ao ir, a humanidade, se distanciando progressivamente de Deus, as pessoas viviam menos anos. Porque, quando Deus viu que a corrupção estava generalizada, disse: "Meu espírito não ficará para sempre no homem, porque ele é apenas carne. Não viverá mais do que 120 anos" (Gn 6,3). Segundo esta perspectiva, segundo a qual a idade estava em função dos pecados, Noé, que viveu 950 anos, era um homem santo.

A melhor receita

Por que expressavam assim este conceito? Porque no Antigo Testamento não existia ainda a noção de outra vida depois desta. E, conforme essa mentalidade, não tendo Deus a possibilidade de premiar no além-vida quem tinha sido bom, recebia então o prêmio aqui na terra.

Assim, quando se queria dizer que uma pessoa tinha sido muito boa, se lhe atribuíam muitos anos. Ao pecador, no entanto, supunha-se morto prematuramente. Os muitos anos eram bênção de Deus para o justo. Como o justo Jó, de quem a Bíblia diz que morreu ancião e repleto de dias (cf. 42,17), um dado de pouca importância, se não fosse a mensagem religiosa que encerra. E como Abraão, Isaac, Jacó e todos os patriarcas que preenchem o espaço entre Adão e Abraão. Viveram muitos anos porque todos eram justos e por isso Deus os recompensou. A promessa, pois, de bênções de Deus que cada um transmitia a seus descendentes desde Adão chegou sã e salva até nós, através de boas mãos.

Cristo será o que trará a grande novidade, já insinuada pouco antes de sua vinda, que o homem continua vivendo depois desta vida, que tem vida eterna. E então já não nos fará falta alcançar as idades dos personagens para dizer que Deus os recompensa. Simplesmente se dirá que, quando morreram, foram gozar do prêmio eterno. De Cristo em diante o que importa não é quantos anos se vive, mas como se vivem esses anos. Já não existem vidas curtas, nem longas, mas vidas com ou sem sentido.

Os 4.000 domingos de uma vida

É verdade que atualmente a medicina conseguiu prolongar a vida do homem sobre a terra até os 70 anos, num total de 4.000 domingos.

Se alguém amou, se alguém serviu com desinteresse, se sua mão esteve estendida para ajudar o necessitado, se foi sensível à dor alheia, se fez o que pôde para enxugar as lágrimas dos outros, sua vida foi um sucesso, mesmo que tenha vivido pouco.

No contexto dos patriarcas que duraram muito na terra, segundo a mentalidade do Antigo Testamento, uma vida como a de Cristo que morreu aos 37 anos teria sido um fracasso e um sinal de maldição divina. Hoje, contudo, sabemos que o importante não é viver muitos anos, mas viver os muitos ou poucos anos que podemos, em plenitude. Viver por viver, perdurar, não implica mérito algum se não se deu um sentido à vida.

SOMOS TODOS DESCENDENTES DE NOÉ?

Colombo e a Bíblia

Na madrugada de 12 de outubro, quando Cristóvão Colombo tocava as costas de São Salvador e o mundo acordava com o surgimento de um novo continente, o navegante genovês nunca teria imaginado que seu nascente empreendimento, além dos problemas políticos, econômicos, culturais e técnicos que suscitaria, iria também revolucionar o mundo da Bíblia.

Se, naquele dia, Colombo tivesse desembarcado nas Índias, que tanto buscava, não teria havido dificuldades maiores. Mas à medida que aclarava o horizonte de seu descobrimento, foi tomando consciência que de fato havia achado um "mundo novo", conforme a afirmação de Américo Vespúcio, onze anos depois, em 1503.

Isto significava que os nativos recém-aparecidos não eram asiáticos, mas pertencentes a um grupo de gente até agora desconhecida. E as coisas assim colocadas tornavamse um sério problema para os eruditos e clérigos daquela época.

Todos a partir de um

No século XVI pensava-se que todos os povos do mundo descendiam originariamente de Adão e Eva e que podiam ser facilmente rastreados até Noé, graças a uma página da Bíblia: o capítulo 10 do livro do Gênesis.

Ali se conta como, uma vez desaparecidos todos os habitantes da terra por causa do dilúvio, sobraram somente os três filhos de Noé, a saber: Sem, Cam e Jafé, com suas respectivas esposas. A partir deles a terra começou a ser repovoada. E a seguir dá-se a lista de todas as nações do mundo e sua progressiva expansão.

Esta tabela etnográfica, único documento da literatura antiga, já que não encontramos nenhum outro tão completo em todas as demais literaturas, servia, na Bíblia, para mostrar como a descendência de Noé realizou o mandato divino de crescer, multiplicar-se e povoar a terra (Gn 1,28), com o qual Noé passou a ser o novo progenitor da humanidade.

A "Tabela das nações"

De onde saíra essa lista? Tratava-se, na realidade, de um velho catálogo de povos e nações, composto no século X a.C., quando o rei Davi começou a organizar seu reino. De fato, ao entrar em contato com seus vizinhos através de comerciantes e embaixadores, descobriram a enorme diversidade de povos que habitavam o mundo. Resolveram, então, classificá-los, para colocar um pouco de ordem naquela multiplicidade, e criaram a "Tabela das nações".

Para compô-la o autor simplesmente reuniu os grupos humanos conhecidos em sua época em três categorias.

De um lado, reuniu os povos com quem Israel mantinha relações amistosas, seja por razões históricas, comerciais ou étnicas e as colocou como filhos de Sem. Um segundo grupo era formado pelas nações inimigas, e as fez descender de Caim, o filho amaldiçoado de Noé (cf. 9,22-25). E, por fim, colocou como filhas de Jafé todas as raças que lhe eram indiferentes ou neutras. Desta forma obteve-se uma divisão tripartite do mundo. Geograficamente, os povos do norte e do oeste de Israel, isto é, da Ásia Menor e das ilhas do Mediterrâneo, foram chamados de Jafé. Os que estavam ao Sul, ou seja, Egito, seus arredores e zonas de influência, foram denominados de Cam. E o grupo oriental, da Mesopotâmia e regiões vizinhas, foi chamado Sem.

Como "pais" e "filhos"

Na realização de sua tabela, o autor usou um gênero literário especial chamado "genealogia", muito comum na antigüidade. Consistia em descrever estas relações comerciais, históricas ou étnicas em termos de parentesco. A maior ou menor proximidade entre esses povos os fazia "irmãos", "meio-irmãos", "sobrinhos"; e a maior ou menor distância no tempo constituía-os como "pais", "filhos" ou "netos".

É como se quiséssemos contar a história do Brasil e fizéssemos assim: "Os descendentes da Europa foram Inglaterra, França, Espanha, Portugal. De Portugal também nasceram filhos: Angola, Moçambique, Cabo Verde, Brasil..."

Os povos e nações eram, pois, apresentados como pessoas e inclusive às vezes se lhes atribuíam pequenas histórias para resumir características ou acontecimentos importantes desse povo.

Este mesmo gênero literário podemos encontrar no capítulo 36 do Gênesis ou nos capítulos 1 ao 11 do primeiro livro das Crônicas.

Era uma iniciativa limitada

Devemos ressaltar que a tabela de Gênesis 10 menciona somente pessoas da raça branca e negra. Nada diz sobre as demais etnias. Isto devido ao fato que a área geográfica que o autor sagrado descreve limita-se ao vizinho Oriente. Todo o resto do mundo lhe era desconhecido.

Fechado em seu nacionalismo e com a proibição, por parte de Javé, de manter contatos com as outras nações devido ao perigo de apostasia, o antigo Israel não se interessava muito pelos que moravam fora de suas fronteiras.

Sendo seus conhecimentos geográficos muito limitados, simplesmente se propuseram a compor um elenco simbólico, sem nenhuma pretensão de exatidão. Inclusive o total mencionado, setenta povos, manifesta claramente que não se tratava de nenhum documento científico, já que na Bíblia o número 70 simboliza a totalidade, a universalidade, a perfeição.

A perigosa leitura ao pé da letra

Não era isto que entendiam os estudiosos bíblicos da época de Colombo. Partidários da interpretação literal da Bíblia, ao reconhecer que os aborígenes, recém-encontrados na América, não eram asiáticos, concluíram que não descendiam nem de Sem, nem de Cam, nem de Jafé. E como não existia um quarto filho de Noé que servisse de fonte para uma quarta raça, aquela gente não podia ser considerada como verdadeiros seres humanos, a menos que a Bíblia estivesse equivocada.

Alguns eruditos, como Isaac de la Peyrére, em 1655, sugeriram timidamente que os nativos pertenciam a uma criação separada "pré-adâmica", que não fora destruída pelo dilúvio, mas não foram ouvidos.

Desencadeou-se, então, na Europa, um áspero debate entre as vozes, certamente numerosas, que procuravam defender os direitos dos indígenas e aqueles que procuravam impor o argumento bíblico-teológico para negar que os índios pertenciam à raça humana.

Os eruditos e a Virgem

As coisas caminhavam assim quando, em 1531, um acontecimento inesperado trouxe sua contribuição à questão. Enquanto as mentes eruditas e os cérebros mais ilustres da época se perguntavam, mediante finos argumentos, se aqueles estranhos seres de pele cor de cobre, seminus, que se comunicavam numa linguagem incompreensível e que viviam em estado natural e quase animal, tinham verdadeira alma humana e se eram merecedores da redenção de Cristo, nos montes de Tepeyac, perto da cidade do México, o índio Juan Diego recebia a visão de uma senhora, a virgem de Guadalupe, que quis deixar seu rosto impresso para sempre em seu poncho.

E eis que a imagem que se estampou foi a de uma índia, com a pele escura, olhos rasgados e feições próprias dos nativos. Sem nenhuma vergonha, a mãe de Deus reconhecia, como seus filhos, aqueles aos quais a sociedade européia mostrava reticência em aceitá-los como irmãos.

O Papa teve de dizer

Seis anos mais tarde, o Papa Paulo III, numa solene bula, chamada "Sublimis Deus", promulgada a 2 de junho de 1537, afirmava de modo definitivo a opinião da Igreja ao declarar que "os índios são verdadeiros seres humanos e capazes de compreender a fé católica". Por isso "não podem ser escravizados, nem induzidos a abraçar a fé cristã por outros meios que não sejam a exposição da Palavra divina e o exemplo de uma vida santa".

Este pronunciamento levou os investigadores da época a uma única conclusão: os nativos do novo mundo deviam ter chegado à América pouco depois do dilúvio. Agora teria de rastreá-los até algum filho de Noé através de grupos étnicos conhecidos. Isto, porém, já era outra história. O certo é que Maria de Guadalupe conseguira desdobrar a Tabela das Nações do Gênesis até as praias da América.

Que pode oferecer uma tabela antiga

Mais adiante, o inventário de Gn 10 aparece diante dos leitores da Bíblia com uma pesada série de nomes de descendentes de Sem, Cam e Jafé. E quem está seguindo a leitura, quando a encontra, olha-a com repugnância, quando não passa diretamente por cima.

Que sentido tem a Palavra de Deus conservar esta antiga página entre os sublimes ensinamentos do Gênesis? Pode trazer algo para a espiritualidade cristã este pesado quadro genealógico de populações, algumas das quais hoje nem sequer é possível identificar?

O capítulo tem sua importância. Trata-se de uma verdadeira teologia da comunidade dos povos.

E o primeiro ensinamento que nos deixa é a diversidade do fenômeno humano. Três vezes se repete no texto que a humanidade está constituída de uma rica variedade de "nações, línguas, territórios e respectivas linhagens" (vv. 5,20 e 31). Por isso, é evidente que para o autor a diversidade de culturas e línguas não é uma conseqüência do pecado, nem das incompreensões humanas, mas sim uma bênção de Deus. É um aspecto da multiforme beleza da criação.

Portanto, qualquer pretensão de uma língua ou cultura que quisesse ser superior e quisesse impor seu domínio sobre as demais, seria contrária à ordem natural. Segundo o autor, a ordem natural consiste numa comunidade de distintos povos e num encontro de culturas diferentes.

Israel, um a mais

Talvez a doutrina mais importante que este parágrafo tem seja a da igualdade de todos os povos. Nenhum deles é considerado o eixo dessa tabela, isto é, o centro da história. Ao contrário, denuncia-se qualquer intenção de converter como absoluta uma nação ou raça.

Resulta surpreendente o fato de que nem sequer Israel aparece no centro da cena, nem ocupa um lugar preeminente. Mais ainda: tampouco vem nomeado na lista. Somente um antepassado seu aí figura. Trata-se de Heber, de onde vieram os hebreus e através de um nome que é totalmente neutro para a fé e para a salvação: Arpaksad (v. 24).

Enquanto outras religiões consideravam seu povo como o vértice do mundo, graças à conexão com algum deus que, descendo do céu, lhe entregava o domínio e o poder e o fazia mais importante que seus vizinhos, Israel renunciou a qualquer mito que o ajudasse a se impor aos demais. A suposta superioridade da raça hebréia é estranha à revelação. A supremacia de Israel não é de ordem natural, mas conseqüência de uma eleição totalmente gratuita. Mas como povo, está inserido em meio aos outros como um a mais.

A grande família

O capítulo ensina, enfim, a unidade fundamental de todos os homens dentro da diversidade. Por estarem todos unidos no sangue de uma grande família, todos são irmãos e a todos Deus ama da mesma forma, seja qual for sua língua, costumes ou cor da pele.

Se depois Deus vá escolher dentre os povos um, não é para que guarde essa eleição, mas para que preste o serviço de levar todas as suas promessas a todas as famílias da terra (Gn 12,13). A humanidade inteira, pois, teve a mesma origem e caminha para o mesmo destino.

De Gênesis 10 podemos obter uma sugestiva filosofia. Certos organismos, como as Nações Unidas, encarregada de velar pelas justas relações entre os países do mundo, teriam muito em que se inspirar aqui.

Por não ter sabido compreender os velhos ensinamentos deste escrito trimilenário sobre a unidade do gênero humano na fraternidade de uma família, nosso século presenciou horrendos crimes, ódios raciais e genocídios que não condizem em nada com a fraternidade que Noé tinha ensinado a seus filhos.

Mil anos depois, Jesus

No Novo Testamento temos uma bela alusão à "Tabela das nações". O Evangelho de São Lucas relata que Jesus, ao chegar na metade de sua vida pública, decidiu mandar seus primeiros missionários para evangelizar os diversos povoados, indo de casa em casa e repetindo o que tinham ouvido falar. Desta maneira serviria de preparação para depois Jesus passar por esses lugares. O número desses primeiros enviados, conforme muitos manuscritos, era de setenta (cf. Lc 10,1).

O Evangelho não escolhe esse número por acaso. Assim era, segundo se cria na antigüidade, o número de povos do mundo. Lucas, que era um homem de mentalidade universalista, quis ensinar que também a fé cristã deve chegar, um dia, a todas as nações. E enquanto existir algum povo, paragem, casario ou rincão sem a alegria da Boa Nova de Jesus, continuarão sendo necessários esses setenta missionários, isto é, a Igreja toda, que, em marcha, sem discriminar o destinatário, prepare o dia em que todos os povos do mundo conhecerão e amarão a seu Senhor.

O DEUS DE ISRAEL ERA JAVÉ OU JEOVÁ?

Quando os deuses eram muitos

Basta abrir uma lista telefônica para dar-nos conta da quantidade de nomes e de sobrenomes de pessoas com as quais alguém poderá entrar em contato. Mas só é possível fazê-lo, se conhecermos o nome correto da pessoa.

No mundo antigo acontecia o mesmo com os deuses. O panteão, conjunto de divindades que cada povo tinha e venerava, era tão numeroso que era impossível honrá-lo devidamente, se não se soubesse seu nome. É que cada um dos deuses cumpria uma função especial em favor do homem e só invocando o deus adequado, podia-se obter o benefício esperado. Por isso errar o nome era arriscar-se a perder os favores do céu.

Portanto, em cada língua existia a palavra "deus", que servia para aplicá-la a todos, em geral. Mas, por sua parte, cada divindade tinha seu nome próprio.

Os sumérios, por exemplo, além de usar o vocábulo genérico "deus", chamavam o deus do céu de An, o da atmosfera inferior de Enlil, e Enki, ao deus da terra.

Os babilônios acreditavam em Shamash (o sol), Sin (a lua) e Ishtar (deusa do amor).

No Egito, entre as dezenas de deuses invocados nas diversas regiões, sobressaíam Amón, Nut, Hator, Osiris e Ísis, segundo as diferentes teologias.

O Deus da sarça

O povo de Israel, em sua etapa mais antiga, acreditava igualmente em todos esses deuses protetores dos demais povos. Mas para eles admitiam um só e o adoravam com exclusividade: Javé.

A pronúncia desta palavra ocasionou um pequeno problema. De fato, enquanto muitos sustentavam que esta era a forma correta de pronunciá-la, outros pensavam erroneamente que seria Jeová.

Qual a origem deste erro? Para descobri-lo devemos ir até o livro do Êxodo, onde se narra que, quando Deus decidiu libertar seu povo Israel da escravidão egípcia, escolheu Moisés para levar adiante a imensa tarefa. Um dia, quando se achava a pastorear as ovelhas de seu sogro, Deus apareceu-lhe numa sarça em chamas e manifestou-lhe sua vontade de tirar os hebreus do país dos faraós (cf. 3,1-10).

Moisés quis saber o nome particular desse Deus que se lhe manifestava tão de surpresa e a quem ele não conhecia e lhe disse: "Mas, se eu for aos israelitas e lhes disser: 'O Deus de nossos pais enviou-me a vós', e eles me perguntarem: 'Qual é o seu nome?', que lhes devo responder?" Deus disse a Moisés: "Eu sou aquele que sou. Assim responderás aos israelitas: 'Eu sou' envia-me a vós". Deus disse ainda a Moisés: "Assim dirás aos israelitas: O Senhor, o Deus de vossos pais, o Deus de Abraão, Deus de Isaac e Deus de Jacó, envia-me a vós. Este é o meu nome para sempre, e assim serei lembrado de geração em geração" (Êx 3,13-15).

Nome com muitos sentidos

Os eruditos quiseram destrinchar o sentido dessa resposta enigmática, mas até agora nenhuma das propostas foi unanimemente aceita.

Sabemos, sim, que provém do verbo hebraico *hawah*, que significa "ser" e por isso o nome de Javé normalmente se traduz por "aquele que é". Mas, "aquele que é" o quê?

Dentre as interpretações propostas, seis são as mais aceitáveis:

1) O que é *impronunciável*, isto é, não se trataria realmente de um nome, mas de uma resposta evasiva de Deus, para que não soubessem seu verdadeiro nome e não fosse utilizado em ritos mágicos, como faziam os outros povos.

2) O que é realmente, em oposição aos outros deuses que na realidade *não são*, não existem.

3) O que é *criador*, isto é, o que dá o *ser* a todas as coisas.

4) O que é *sempre*, isto é, o que nunca deixará de ser.

5) O que é *por si mesmo*, já que não precisou de outro ser para *ser*.

6) O que é *atuante*, isto é, o que atua ao nosso lado, o que caminha conosco para nos acompanhar, o que está junto a seu povo. Esta última interpretação é a mais seguida pela maioria dos exegetas, atendendo o que em alguns versículos antes Deus dissera a Moisés: "Eu estarei contigo" (Êx 3,12).

Em caso de dúvida, nunca

No Monte Sinai, contudo, começou outro problema: o de pronunciar este nome. De fato, quando Deus entregou a

Moisés os dez mandamentos, um deles dizia: "Não pronunciarás o nome do Senhor teu Deus em vão, porque o Senhor não deixará impune quem pronunciar seu nome em vão" (Êx 20,7).

Os israelitas começaram, então, a indagar: Que significa "em vão"? Quando se toma "em vão" o nome de Deus? Javé não o tinha explicado e Moisés morreu sem ter esclarecido isto.

Durante muito tempo, para o povo de Deus isto não foi problema e empregava-se sem maiores cuidados este nome. Mas depois do século VI a.C., ao regressar do cativeiro da Babilônia e começar a preocupar-se com a observância estrita da Lei de Moisés, apresentou-se frontalmente a dificuldade do mandamento. Os doutores da Lei e os guias do povo travaram longos debates e concluíram que "em vão" não se referia só a juramentos falsos, mas a qualquer utilização impensada ou uso inoportuno e superficial dessa denominação.

E para garantir o máximo respeito, decidiram não pronunciar nunca o nome sagrado de Javé. Quando ele aparecia no texto das Escrituras, o leitor deveria substituí-lo por *Adonai* (meu Senhor, em hebraico).

Propagou-se entre os judeus o costume de evitar o sublime nome de Deus, que por estar composto de quatro letras, foi chamado de *tetragrama* sagrado (do grego *tetra* = quatro e *grama* = letra), e se escrevia YHVH.

Para economizar papel

Como sabemos, a língua hebraica tem uma curiosa particularidade: suas palavras só se escrevem com consoantes, sem vogais. Este fato estranho em relação aos nossos idiomas modernos, provém de uma necessidade muito sentida na antigüidade: a de economizar o material de escrita.

Naquele tempo contava-se, para escrever os manuscritos, com o papiro ou o pergaminho, difíceis de se obter e de cara elaboração. Isto fazia com que quem quisesse compor algum escrito tomasse as precauções para aproveitar o máximo de tão precioso material.

Assim foram criados dois recursos: escrever todas as palavras juntas, sem separação, e não transcrever as vogais. Quem lia as consoantes podia acrescentar por conta própria as vogais correspondentes a cada vocábulo, já que eram conhecidas de todos. Por esta razão, a todos os livros do Antigo Testamento escritos em hebraico foram redigidos sem vogais.

Mil anos de incertezas

Podemos imaginar, com o passar do tempo, como era difícil ler um livro com todas as palavras juntas e sem vogais. A frase podia ser cortada em qualquer parte e, às vezes, variando as vogais, até se mudava o significado do vocábulo.

É verdade que geralmente é possível, pelo contexto, deduzir o sentido. Mas nem sempre. Assim, com o passar dos séculos, o texto hebraico da Bíblia se foi tornando cada vez mais difícil de se ler, de se entender e de mantê-lo único.

A confusão, que com o passar do tempo foi crescendo, durou mil anos, até que no século VII tornou-se insustentável. Embora as comunidades tivessem o mesmo texto hebraico, circulavam, no entanto, diferentes leituras em cada região, de acordo com a pausa que se fazia na frase, ou as vogais que, para melhor ou pior, o leitor acrescentava oralmente ou os erros que esta leitura gerava nas sucessivas redações. Isto levou à aparição de diferentes textos da Bíblia.

Os rabinos salvadores

Na escola rabínica da cidade de Tiberíades, ao norte de Israel, um grupo de mestres, chamados "massoretas" (da palavra hebraica *masora* = tradição, por serem os que procuravam conservar a tradição), decidiram fixar, de uma vez por todas, a pronúncia exata do texto sagrado, e fizeram algo de insólito para a língua hebraica: inventaram um sistema de vogais que consistia em traços e pontos colocados acima e abaixo das consoantes.

Mas enquanto vocalizavam os manuscritos, quando chegaram ao tetragrama sagrado YHVH, encontraram um grave inconveniente: depois de séculos sem pronunciá-lo, ninguém se lembrava mais quais eram as verdadeiras vogais que lhe correspondiam. Então, puseram abaixo as vogais correspondentes à palavra Adonai (a-o-a) que era lida em seu lugar. Devemos esclarecer que o "i" final de Adonai é consoante e não vogal em hebraico. Por isso ela não foi levada em conta.

Somente tiveram de mudar o primeiro "a" para "e" por uma razão de fonética semítica: conforme o sistema inventado pelos massoretas, a consoante "Y", primeira do tetragrama, por ser consoante forte, não pode levar a vogal "a", que é fraca, mas deve ser mudada por "e" que é vogal forte.

Não obstante esta nova vocalização, o nome YHVH continuava sendo substituído por "Adonai" na leitura.

A partir do século XIV começou-se a ler o nome sagrado YHVH com as vogais que os massoretas tinham colocado abaixo, ou seja, "e-o-a", o que resultou YeHoVaH, nosso Jeová atual, mescla híbrida das consoantes da palavra Yahveh com as vogais de Adonai, e que não significa absolutamente nada.

Até os cristãos

Este erro, no qual caíram os judeus medievais, propagou-se por todo o mundo cristão até o presente século. Assim, nos oratórios de Händel, nos autos sacramentais, inclusive nos cantos populares da Igreja Católica, escrevia-se sempre Jeová, como o nome de Deus.

Ao chegar, porém, o século XX, os modernos estudos bíblicos puderam perceber este erro. Muitas são as provas que os especialistas podem trazer para mostrar que Jeová é uma pronúncia equivocada e que as vogais corretas são "a-e", ou seja, deve-se dizer YaHVeH (Javé).

Em primeiro lugar, porque todos os nomes bíblicos terminados em "ias" são uma abreviação de Javé. Assim Abdias, Abd-Yah (servo de Javé), Elias, Eli-Yah (meu Deus é Javé), Jeremias, Jeremi-Yah (Javé sustenta), Isaías, Isai-Yah (Javé salva). Portanto, a primeira vogal não pode ser o "e", mas o "a". Este "a" é, no sistema massoreta, vogal forte, à diferença do "a" de Adonai.

Isto comprova a conhecida exclamação litúrgica "HallelúYah", que significa "louvai a Javé".

Mas a certeza do nome completo nós o temos em alguns escritores antigos, como Clemente de Alexandria, no século IV, que transcrevem este nome em grego, como *Iaué.*

Inclusive conserva-se um texto de um autor do século V, chamado Teodoreto de Ciro, que ao comentar o livro do Êxodo escreve o sagrado nome de *Iabé*.

Como chamá-lo?

Hoje em dia não há ninguém, modernamente informado, que leia ou pronuncie Jeová. Cada vez é maior o número dos que pensam que a forma correta do nome de Deus no Antigo Testamento era Javé, embora não exista uniformidade em seu modo de escrever. Uns escrevem fielmente "Yahveh", outros, enfim, "Yavé".

Pouco a pouco, as Igrejas protestantes, que neste sentido são as mais conservadoras, vão aceitando as conclusões dos modernos estudos e superando o velho erro. Inclusive os novos comentários, assim como as bíblias de muitas das Igrejas separadas, já trazem a grafia "Yahvé".

No começo deste artigo sobre o nome de Deus, dizíamos que era um problema pequeno. É que, na realidade, a Deus pouco importa que pronunciemos seu nome de uma ou de outra forma, ou que o chamemos de Altíssimo, Todo-Poderoso, Eterno ou Senhor. O que mais lhe importa não é a palavra que está nos lábios, mas a fé e o amor que demonstramos em nossas obras.

Se perguntássemos a Deus como ele gostaria que o chamássemos, com certeza nos diria, com as palavras de Jesus: "Vós, quando orardes, dizei assim: Pai nosso, que estais no céu...".

A BÍBLIA PROÍBE FAZER IMAGENS?

O mandamento que falta

Os católicos muitas vezes se envergonham quando, ao falar com cristãos de origem protestante ou membros de alguma seita, sentem-se censurados por eles pelo fato de usarem imagens de Jesus Cristo, da Virgem Maria ou dos santos, tanto no culto como em suas devoções particulares. Dizem que está proibido na Bíblia pela Lei de Deus.

É verdade ou não? Para contestar devemos antes ver o que diz a própria Bíblia.

Narra o livro do Êxodo que quando Moisés, conduzindo o povo de Israel pelo deserto, chegou aos pés do monte Sinai, Javé se lhe apresentou em meio a trovões, relâmpagos, tremor de terra e densas nuvens, e lhe entregou os dez mandamentos.

Todos conhecemos mais ou menos esta lista. Poucos, porém, sabem que na realidade o segundo mandamento dizia: "Não farás para ti ídolos, nem figura alguma do que existe em cima, nos céus, nem embaixo, na terra, nem do que existe nas águas, debaixo da terra. Não te prostrarás diante deles, nem lhes prestarás culto, pois eu sou o Senhor teu Deus, um Deus ciumento..." (Êx 20,4-5).

Então era verdade?

Que dizia a Lei

Se continuamos lendo a Bíblia, isto parece confirmar-se. De fato, em muitas outras ocasiões proíbe-se aos israelitas fabricar imagens e figuras, tanto de Javé como de qualquer outra divindade. Por exemplo, o Levítico, o terceiro livro da Bíblia, ordena que não se façam ídolos, imagens, nem pedras esculpidas para ajoelhar-se diante delas (cf. Lv 26,1).

Em outro lugar se diz mais exaustivamente: "Guardai-vos bem de corromper-vos, fazendo figuras de ídolos de qualquer tipo, imagens de homem ou de mulher, ou imagens de animais que vivem na terra ou de aves que voam debaixo do céu, ou de animais que rastejam sobre a terra ou de qualquer espécie de peixes que vivem na água, debaixo da terra" (Dt 4,16-18). Isto era tão grave que se penalizava com uma maldição: "Maldito seja o homem que fizer escultura ou imagem fundida, abominações para o Senhor..." (Dt 27,15).

Como se vê, está proibida pela Lei de Deus toda representação vegetal, animal ou humana, no culto.

Seguindo este preceito, muitas igrejas cristãs rejeitam atualmente as imagens em seu culto e criticam quem as emprega.

O que o povo vivia

Não obstante, apesar das categóricas disposições bíblicas, não se vê que o povo hebreu tenha prescindido absolutamente de imagens. Várias passagens bíblicas mostram que estas eram toleradas e até permitidas no Antigo Testamento. Mais ainda: em alguns casos Deus mesmo ordenou a construção de imagens sagradas.

Por exemplo, durante a travessia do deserto, quando Javé mandou fabricar a arca da aliança, cofre sagrado onde se guardavam as tábuas da Lei, ordenou que em cada lado se pusesse a imagem de ouro de um querubim, ser angélico com traços metade animais e metade humanos (Êx 25,18). Por sua parte, o candelabro de sete braços que foi colocado no interior da Tenda Sagrada, tinha gravadas flores de amendoeira (cf. Êx 31,1-5).

Também em outros episódios da história de Israel vemos personagens piedosos empregar, sem receio algum, imagens e objetos representativos para o culto. Gedeão, por exemplo, um dos mais importantes juízes de Israel, fabricou, com anéis e outros objetos de ouro, uma figura de Javé, a quem os israelitas prestavam culto (cf. Jz 8,24-27). E Micas, um fervoroso e piedoso javista, fez uma efígie de prata de Javé e estabeleceu um santuário para prestar-lhe culto (Jz 18,31). Até o próprio rei Davi, amado e abençoado por Deus, tinha, sem escrúpulos, em sua casa, imagens divinas (cf. 1Sm 19,11-13).

Um templo sem preconceitos

E que dizer do majestoso templo de Jerusalém, construído por Salomão? Pelas descrições bíblicas, parece que estava abarrotado de representações e esculturas, começando por sua câmara interior mais sagrada, chamada Santo dos Santos, onde dois imensos querubins esculpidos em madeira finíssima erguiam-se junto à arca da aliança (cf. 1Rs 6,23).

O interior estava totalmente decorado com imagens de querubins, além de outros vegetais (cf. 1Rs 6,29). E para sustentar o enorme depósito de água na entrada do templo para as purificações, construíram doze magníficos touros de metal que estavam voltados para os quatro pontos cardeais (cf. 1Rs 7,25).

Os capitéis das colunas do templo tinham forma de açucenas e duzentas romãs esculpidas apinhavam-se ao redor de cada uma (cf. 1Rs 7,19-20). Os recipientes para as abluções litúrgicas estavam revestidos com imagens de leões, bois e querubins (cf. 1Rs 7,29). Tudo com o consentimento do próprio Deus.

E como se isto não fosse pouco, Moisés tinha lavrado, por ordem do próprio Deus, uma enorme serpente de bronze, no deserto: todos os que, se picados por ofídios, olhassem para ela, eram curados. Esta serpente esteve exposta no templo durante duzentos anos, até que o rei Ezequias a eliminou (cf. 2Rs 18,4).

No século VI a.C., quando o tempo de Jerusalém foi destruído, o profeta Ezequiel teve uma visão do futuro templo. E descreve os querubins e as palmeiras que iam adorná-lo (cf. Ez 41,18).

Era, pois, abundante a quantidade de imagens, pinturas, estátuas e ornamentos que enchiam o grandioso templo de Javé, em Jerusalém.

Nem uma só voz

E apesar daquele segundo mandamento, nunca encontramos na Bíblia um só profeta antigo que censure as imagens. Eles que eram os sentinelas de Deus, que erguiam a voz diante de todo pecado do povo, que não permitiam o menor desvio, guardaram silêncio durante séculos.

Nem sequer os extraordinários Elias e Eliseu, acérrimos defensores da ortodoxia, as reprovaram. Tampouco Amós, cuja única missão foi a de ir pregar no templo da cidade de Betel, onde tinham colocado a estátua de um touro enfeitando o altar de Javé, falou contra as imagens. Somente recriminou o luxo, a avareza e a crueldade do povo, sem aludir ao bezerro do templo.

O que acontecia então com a proibição? Parecia não estar em vigor. Ou pelo menos não aparentava ser tão absoluta.

Por quê? Qual a razão em que se baseava a exclusão das imagens? Na realidade a Bíblia não apresenta nenhuma razão e o povo de Israel nunca afirmou que conhecia os motivos. Somente um texto do Deuteronômio tenta dar uma explicação, quando diz para não se fazer imagem alguma, uma vez que não se viu nenhuma figura no dia em que o Senhor falou no Horeb (outro nome do Sinai), em meio ao fogo (cf. 4,15). Ou seja, quando Deus lhes falara no monte, eles só ouviram sua voz, sem ver imagem nenhuma.

Esta, porém, não é uma verdadeira explicação. Tratase somente de uma motivação histórica que nos leva a perguntar: E por que naquele dia não apareceu nenhuma imagem no monte Sinai? E ficamos sem resposta.

A razão que se suspeita

Embora a Bíblia não o diga, podemos conjeturar o motivo da proibição das imagens, graças aos nossos conhecimentos do ambiente religioso antigo.

Todos os povos que estavam em contato com Israel consideravam a imagem não só como símbolo da divindade, mas também como habitação da própria divindade, ou seja, a própria divindade a habitava de fato. Ela era, de certa forma, o mesmo deus representado.

Assim, de acordo com esta mentalidade primitiva oriental, na imagem da divindade residia um fluido pessoal divino. Quando alguém fazia uma imagem, o deus deveria vir residir nela, já que toda imagem realizava uma *epiclesis*, isto é, um apelo a que Deus viesse habitá-la. Era uma espécie de "doublée" da divindade simbolizada.

Por isso a Bíblia conta que quando Raquel, esposa de Jacó, rouba os ídolos de seu pai Labão, ele se queixa que roubaram seus deuses e não suas imagens (Gn 31,30). E na história do já mencionado Micas, que acusou a tribo dos danitas de roubar seu deus, quando estes prosseguiram só com a imagem (cf. Jz 18,24).

Agora sim, a voz

Compreende-se, então, como era fácil cair num conceito mágico de divindade. Ter a imagem à disposição de alguém era ter os poderes do deus à sua disposição, exercer um tipo de domínio sobre ele, manejá-lo a seu capricho, possuir um deus na medida do humano.

E isto podia colocar em sério perigo a identidade de Javé. Ele manifestava-se livre e espontaneamente onde queria, muito acima das forças de suas criaturas e dirigindo o curso da história segundo seu parecer.

Durante o tempo em que esta idéia não se viu ameaçada, não houve dificuldade. Mas, a partir do século VIII a.C., o povo de Israel caiu fortemente em tentação. Então os profetas falaram. E como!

Oséias foi o primeiro que denunciou os sacrifícios e incenso que o povo oferecia às imagens de divindades estrangeiras, julgando poder, assim, obter seus favores.

Isaías, um pouco mais tarde, vai ridicularizar sem piedade seu culto mágico. Com a metade de uma árvore, diz, fazem fogo para se aquecer e uma assado para matar a fome, e com a outra fazem um deus, adorando-o e dizendo-lhe: "Salva-me, pois és meu deus". A sátira é feroz.

No século VI a.C., Jeremias e Ezequiel censurarão até o mais simples símbolo da divindade, como é uma pedra ou um pedaço de madeira, para que não se cresse que se poderia assim manejá-la.

Ainda não chegara o tempo em que o homem podia adorar a Deus em figura humana.

Quando Deus fabrica imagem

Passaram-se os séculos. O ambiente grego foi fazendo os homens menos dados à magia e mais influenciados pelo pensamento filosófico e racional. Isto contribuiu para diminuir a idéia fetichista das imagens divinas.

Além do mais, Israel foi compreendendo que Javé era o único Deus de todos os povos e que não existiam outras divindades para outros povos. Portanto, qualquer imagem, altar, oração ou culto que fosse celebrado em qualquer lugar e língua, estavam destinados somente a ele. Assim, o perigo de pensar que se adorava a deuses estranhos desapareceu.

Então o próprio Deus, que até agora se mantivera invisível, num tempo mais maduro da humanidade, quis fazer-se imagem para que todos pudessem contemplá-lo. E se na antiga Aliança tinha se revelado ao povo sem imagem, na nova Aliança considerou ser imprescindível ter uma e ser visto. Por isso, na noite do Natal, os anjos darão aos pastores este sinal da nova revelação: "encontrarão um menino envolto em panos e reclinado num presépio".

O próprio Deus quis agora, quando já não mais existia perigo, achegar-se aos homens através de uma figura, a de Cristo, para que o ouvissem, o tocassem e o sentissem.

Não vale mais

São Paulo, que vivera durante algum tempo cumprindo a lei antiga, compreendeu muito bem a nova disposição ao falar de "Cristo, a imagem de Deus" (2Cor 4,4). E num belo hino canta que Cristo é a imagem do Deus invisível (Cl 1,15). Falando, um dia, com o apóstolo Felipe, Jesus já o antecipara: "Quem me viu a mim, viu o Pai" (Jo 14,8).

Portanto, se o próprio Deus quis deixar de permanecer oculto e fazer-se ver numa imagem, quem somos nós para proibir de representá-lo?

Como se vê, o mandamento sobre as imagens no Antigo Testamento tinha uma função pedagógica e portanto temporal. Transcorridos os séculos e chegada a maturidade dos tempos, ao passar o perigo passou também o mandamento. Assim entenderam os cristãos desde tempos antigos. Por isso começaram a fazer imagens de Cristo e representar cenas de sua vida, já que elas ajudavam o povo a se aproximar de Deus. Os cemitérios, as igrejas e os templos povoaram-se delas pelo valor psicológico que ostentavam como suporte para a oração. Com o tempo, converteram-se na Bíblia das crianças e dos iletrados.

Ao mesmo tempo, quando eles enumeravam os mandamentos, pulavam sempre o segundo, ao passo que desdobravam o último em dois para que continuassem sendo dez. As listas de mandamentos que nos chegaram escritas desde o século IV já não incluem a proibição das imagens. Por isso chama a atenção que as seitas modernas tentem conservá-la.

Até mesmo Lutero

Os protestantes, quando se separaram da Igreja Católica, no século XVI, reagiram contra os excessos no culto das imagens e provocaram a destruição de muitas delas. No entanto, Lutero, o iniciador desse movimento, não foi tão intolerante. Ao contrário, reconheceu a importância que elas tinham.

Numa carta datada de 1528, escrevia: "Penso que no que diz respeito às imagens, símbolos e vestes litúrgicas... e coisas semelhantes, deixe-se à livre escolha. Quem não quiser essas coisas, deixe-as de lado. Se bem que as imagens inspiradas na Bíblia ou em histórias edificantes, parecem-me serem muito úteis". E em outra passagem afirmava que as imagens eram "o evangelho dos pobres".

Lutero percebeu muito bem o que muitos protestantes não querem entender ainda: que não se trata de adorar uma imagem, mas sim de adorar a Deus, através do estímulo que a imagem pode oferecer. Crer que quando alguém se ajoelha diante de uma imagem está abusando da adoração, que só a Deus deve ser feita, é ter uma mentalidade primitiva, é continuar pensando que nelas há um fluxo de outras divindades e não ter evoluído do Antigo Testamento.

Se quiséssemos aplicar hoje ao pé da letra este segundo mandamento, não poderíamos nem sequer ligar um televisor, porque estaríamos fazendo imagens segundo as técnicas modernas.

A imagem obrigatória

Quando Jesus, o Filho de Deus, assumiu fisionomia humana, mostrou o caráter temporal do mandamento em questão e a utilidade de representações sensíveis para a catequese e para a oração. O que impressionou os contemporâneos de Jesus Cristo era que nós "o ouvimos, o vimos, o contemplamos e nossas mãos o apalparam", como dizia São João (1Jo 1,1).

Embora tenhamos de evitar a superstição e os erros no uso que delas fazemos, nunca poderemos, no entanto, tomar como base a Bíblia para proibi-las, como erroneamente fazem algumas seitas e igrejas.

Ultrapassando, porém, essa questão, há uma imagem que não podemos deixar de fabricar: a imagem de Cristo em nós.

Paulo, escrevendo aos romanos, afirmava: "Os que de antemão conheceu, também os predestinou a serem conformes à imagem de seu Filho, para que este seja o primogênito de muitos irmãos" (8,29). Não construí-la seria malograr nosso destino.

Cada ação, cada obra que realizamos, cada contribuição à justiça do mundo, ao bem comum, à solidariedade, vai esculpindo radiante, exata e precisa, a imagem de Jesus Cristo em nossas vidas. No final deve sair quase perfeita. Jesus mesmo o pedira: "sede perfeitos como o Pai celeste é perfeito" (Mt 5,48).

SEGUNDO A BÍBLIA, O PURGATÓRIO EXISTE?

Por um purgatório do Purgatório

Para muitos católicos a palavra "purgatório" lembra algo como um lugar de tormentos, uma grande sala de espera, onde os que já foram salvos, mas não são totalmente bons, aguardam sua hora de entrar no *Céu*. E nesta espera padecem toda espécie de sofrimentos.

Com o Purgatório aconteceu a mesma coisa que com o *Inferno:* a tradição popular foi acumulando representações absurdas, indignas da fé num Deus que é amor, e impróprias da esperança cristã.

Imaginou-se o Purgatório como uma imensa câmara de torturas, na qual as almas, de acordo com os pecados, eram submetidas a um frio glacial, ou imersas em grandes recipientes de metal fundido ou num lago de azeite fervente. Também como um oceano de chamas, do qual emergem cabeças e braços erguidos em desesperado gesto de dor e de súplica.

Alguns teólogos, inclusive, não tiveram dúvidas em afirmar que os demônios, com a permissão de Deus, visitavam-nas permanentemente para atormentá-las com inumeráveis suplícios. Até Santo Tomás, no século XIII, ensinava que o Purgatório estava tão próximo do Inferno que o fogo que torturava os daqui servia para purificar os de lá.

Em Roma, tempos atrás, havia um museu onde se exibiam aos visitantes os vestígios de mãos e marcas de fogo deixadas em paredes e tapetes pelas almas do Purgatório, aparecidas para prevenir os fiéis dos sofrimentos daquele lugar.

O que se deve crer

Isso é um disparate, se levarmos em conta que quem está no Purgatório são seres espirituais, incapazes de se comunicar fisicamente com nosso mundo material. Além do mais, a Igreja Católica nunca ensinou oficialmente que exista, no Purgatório, alguma espécie de fogo.

Houve coisas piores ainda. Alguns livros de devoção costumavam trazer listas de pecados com sua respectiva duração dos castigos no Purgatório, como se o tempo no lado de lá pudesse ser medido em anos, meses e semanas.

A Igreja sempre se levantou contra essas extravagâncias. Já no século XVI o Concílio de Trento emitiu um decreto em que se proibia acrescentar à doutrina do Purgatório questões secundárias, inúteis e fora de lugar, para não perturbar a fé do povo simples. E o museu romano, com suas histórias macabras do além, faz tempo que foi fechado por ordem da Sagrada Congregação para a Doutrina da Fé.

Também os teólogos, a partir da Bíblia, têm procurado hoje precisar melhor a imagem do Purgatório e sua relação com o autêntico Deus de nossa salvação. Vejamos, portanto, qual é o verdadeiro ensinamento da Igreja sobre o tema.

Aparece na Bíblia?

Desde que Lutero, no século XVI, se separou da Igreja, e declarou que "a existência do Purgatório não se pode provar pelas Sagradas Escrituras", a Igreja Católica esforçou-se em buscar textos bíblicos com os quais demonstrar aos protestantes que a Bíblia fala sim de sua existência. E nessa discussão muitos abusos foram cometidos.

Por exemplo, citava-se como prova Mt 12,32: "Quem falar contra o Filho do Homem será perdoado. Mas quem falar contra o Espírito Santo não será perdoado nem neste mundo, nem no vindouro". E raciocinava-se: se Jesus declara que há certos pecados que não podem ser perdoados no outro mundo, é porque outros podem ser perdoados ali; existe, portanto, o Purgatório.

Esta interpretação não leva em conta que a frase "nem neste mundo, nem no outro" é própria da mentalidade semita, que costuma citar dois extremos para significar "nunca". Portanto a frase significa que os pecados contra o Espírito Santo nunca serão perdoados. Mas não pretende fazer nenhuma alusão ao Purgatório.

Como poderiam sabê-lo os macabeus!

Outro texto clássico em favor disso é 2Mc 12,38-46. Narra-se ali que, em 160 a.C., vários soldados judeus foram mortos, numa batalha contra os sírios. Quando foram enterrá-los, encontraram sob suas roupas amuletos e talismãs proibidos por Deus. Diante disso, Judas macabeu fez uma coleta entre os demais soldados e enviou-a ao templo de Jerusalém para oferecer um sacrifício pelo pecado dos mortos, a fim de que Deus os perdoasse e pudessem gozar da ressurreição.

O texto foi interpretado desta forma: os soldados mortos haviam cometido um *pecado leve* e portanto não estavam no *Inferno.* Nem tampouco no céu. Do contrário não teriam oferecido um sacrifício por eles. Portanto, Judas macabeu imaginava-os no Purgatório e por isso mandou oferecer esse sacrifício.

Tal interpretação é, no entanto, anacrônica. No século II a.C. os judeus não acreditavam ainda num estado de purificação após a morte. A interpretação correta, levando-se em conta a mentalidade da época, é que o pecado cometido pelos soldados era, na verdade, grave. Nada menos que pecado de idolatria severamente proibido por Deus. Tal pecado, porém, perdoava-se em vida, com um sacrifício chamado Kippur, realizado no templo (cf. Lv 4 e 5). Os soldados já estavam mortos e não podiam ir ao templo para oferecer o sacrifício por seus pecados. Então Judas ordena que seus companheiros ofereçam-no. Com isso já se começa a anunciar a solidariedade entre os vivos e os mortos, sem dúvida. Mas o pecado dos soldados, segundo Judas, ficava perdoado com o Kippur, e não com o Purgatório, sobre o qual ele não sabia absolutamente nada.

E São Paulo?

O texto bíblico citado em favor do Purgatório é 1Cor 3,10-17. Paulo, escrevendo aos coríntios, divide os pregadores do Evangelho em três categorias: os que usaram bens materiais em sua edificação (v. 14), os que em vez de edificar, destruíram (v. 17) e os que foram medíocres na escolha dos bens materiais de construção. Falando destes últimos, diz: "E aquele cuja obra for consumida sofrerá o dano; ele, todavia, se salvará, mas como quem passa pelo fogo" (v. 15). É nesta terceira categoria que os comentaristas fixam sua atenção e sustentam que o "como quem passa pelo fogo" implica a doutrina do Purgatório.

Na verdade, toda a passagem nada mais é que uma simples alegoria de uma casa que se incendeia, na qual o fogo tem um valor exclusivamente figurativo, não real. Seu significado é que os fiéis menos fervorosos também poderão se salvar, mas com muitas fadigas e a duras penas. Paulo só se refere ao esforço que deverão fazer os medíocres para se salvar, mas não coloca o tema do Purgatório, nem o menciona em nenhuma de suas cartas.

Por que os católicos acreditam?

Como se vê, enquanto a Bíblia menciona claramente o céu e o inferno, ela não diz, porém, nenhuma palavra sobre um estado intermediário de purificação. Por isso os protestantes rejeitam a doutrina católica do Purgatório. Por que, então, os católicos acreditam nele?

Pelo fato da Bíblia não mencionar o Purgatório não quer dizer que ele não tenha nenhum fundamento. Pelo contrário. A Igreja Católica baseia-se na própria Bíblia para ensinar sua existência. Não, porém, num texto concreto e particular, mas em duas idéias gerais, que aparecem de forma clara e repetida na Bíblia e que são o núcleo desse dogma.

A primeira é a convicção de que só podemos entrar na presença de Deus se estivermos em pureza absoluta. Nada que tenha o mínimo defeito pode comparecer perante sua grandiosidade. Por isso os israelitas tinham um complicado cerimonial para que nada de impuro fosse apresentado diante de Javé. Jesus confirma essa idéia quando diz: "Felizes os limpos de coração, porque verão a Deus" (Mt 5,8); ou "Sede perfeitos como o Pai celeste é perfeito" (Mt 5,48). E o Apocalipse ensina que quando aparecer, no final dos tempos, a Jerusalém celestial, "nela não entrará coisa alguma impura" (Ap 21,27).

A segunda idéia bíblica, a mais importante, é que Deus "retribuirá a cada um segundo suas obras" (Rm 2,6). Pois bem, é evidente que a morte surpreende os homens em diferentes graus de perfeição, de acordo com o uso da liberdade e de acordo com o serviço ao próximo. E os que não alcançaram a plenitude no momento da morte não poderão *de imediato* ingressar na presença de Deus. Conseqüentemente, deverão passar por uma etapa de purificação prévia.

O sentido do Purgatório

Dito isto, passemos agora a explicar o que significa o Purgatório. Cada um de nós vem a este mundo com um projeto de Deus debaixo do braço. E conforme forem nossos atos de amor, nosso esforço em servir, nossa solidariedade, nossa capacidade de renúncia e de trabalho pelo bem dos demais, este projeto de Deus se vai concretizando num homem real. Para isso Deus nos enriqueceu de dons, no momento de nascer, de uma série de potencialidades e capacidades que temos de atualizar durante toda a nossa vida.

Pois bem, nem todos os homens exploram ao máximo suas capacidades. Nem todos tiram de si o melhor que têm para doar ao próximo e nem põem em movimento todas as potencialidades que Deus lhes deu, para acabar, antes de morrer, o projeto de amor que traziam para este mundo. É assim que muitos podem chegar ao final de sua existência não como homens plenamente maduros, mas como *aspiran-*

tes inacabados de ser humano. A morte pode surpreender uma pessoa no meio do processo, com muitas tarefas a serem ainda completadas. E não tem nada a ver com a idade em que se morre, pois mesmo alguém que morra jovem, o pouco tempo que lhe tocou viver pode ser suficiente para cumprir seu projeto de amor e conseguir assim a maturidade interior e a perfeição que Deus esperava dele. Toda pessoa tem, portanto, o dever de preencher, em algum momento de sua vida, as possibilidades que tem dentro de si.

Quanto tempo dura o Purgatório?

Que acontece quando um homem chega ao fim de sua existência e ainda tem muitas de suas possibilidades intactas, suas potencialidades a serem desenvolvidas e está a meio caminho andado? Um homem incompleto, carente de maturidade suficiente, não pode entrar na presença de Deus.

É então que Cristo dirige um olhar cheio de graça e de amor a esse homem que lhe vem ao encontro. Um olhar que penetra no mais profundo de sua existência humana e produz o processo — doloroso como todos os processos de maturação — de atualizar no homem todas as suas possibilidades até o momento não desenvolvidas. Esse olhar é o "lugar" que chamamos de Purgatório.

De algum modo, será doloroso para o homem apresentar-se incompleto diante de Cristo. Será amargo para ele desfazer instantaneamente tudo o que foi distorcendo e enredando durante sua vida, com seus pecados. Com essa dor de se ver defeituoso, purgará angustiosamente suas faltas. Por isso no Purgatório existe a dor. Mas não tem nada a ver com o suposto "fogo em que se queimarão as almas" daqueles que para aí vão, como freqüentemente se tentou explicar.

Convém, pois, dissipar o famoso erro de sua duração. Uma vez que após a morte não existe tempo, nem o passar das horas, o Purgatório não pode *durar* meses, anos, como às vezes se pensa. É apenas um instante, um momento exato — por assim dizer — em que Deus concede a última graça ao homem para superar seu egoísmo e as deficiências de sua vida. Como processo do homem, pode ser mais ou menos profundo, de acordo com cada um. Não pode, contudo, durar um tempo, porque já se está na eternidade.

É dogma de fé?

Desde os primeiros séculos os Santos Padres já ensinavam a existência de um estado de purificação após a morte. A partir do século III se foi precisando melhor em que consiste. No século XI dá-se, pela primeira vez, o nome de Purgatório a este processo purificador. O Papa Inocêncio IV, em 1254, será o primeiro a tocar oficialmente no tema e a incorporar a palavra no Magistério eclesiástico. Pouco depois, a palavra passou a designar um *lugar*, uma prisão cheia de tormentos.

Mas não era ainda um dogma de fé. Isso chegaria com o concílio de Florença, que enfrentará pela primeira vez a questão dogmaticamente. Esta assembléia foi inaugurada no dia 26 de fevereiro de 1439, com a participação de 115 bispos e, depois de longos debates onde se analisaram as especulações e mentiras que se tinham dito sobre o tema, promulgou solenemente, no dia 6 de julho de 1439, um decreto chamado *Laetentur caeli,* no qual declarava como dogma de fé para todos os católicos a existência do Purgatório.

Mas o que realmente se deve crer sobre o Purgatório? O concílio definiu apenas três coisas: a) o Purgatório existe.

b) Não é um *lugar*, mas um estado, em que os mortos são purificados. c) Os vivos podem ajudar os mortos mediante sufrágios. Estas três coisas, e somente estas, formam parte do dogma do Purgatório.

Devemos rezar pelas pessoas de lá?

Se o Purgatório dura apenas um instante, há ainda sentido rezar pelos defuntos e oferecer missa por eles? Se o Purgatório acontece no segundo que se passa deste mundo ao outro, tem algum valor rezar no sétimo dia, no mês, no aniversário, como costumamos fazer os católicos?

É claro que tem muito valor. Nós, que estamos imersos no tempo, consideramos como *defunto* alguém durante certo tempo mais ou menos longo, conforme nós continuemos vivendo. E neste tempo rezamos de modo especial por ele, para que Deus acelere o processo de maturação pelo qual deve passar. Mas Deus, que está na eternidade, vê como atuais as orações futuras que nós vamos fazendo. E, em consideração a todas aquelas orações e missas que durante nossa vida oferecemos pelo nosso defunto, Deus já as aplica agora instantaneamente a este. Se enquanto eles viviam eram nossos atos de amor que podiam ajudá-los a melhorar como pessoas, agora, depois de mortos, nossas orações são os novos atos de amor que empregamos em favor deles. E por essa contribuição de nosso amor, Deus os plenifica a todos eles, os completa no amor que lhes faltava.

Por isso a Igreja manteve sempre o antiqüíssimo costume de rezar pelos defuntos. E lhes dá tanta importância, que no momento central da missa lhes reserva um lugar exclusivamente para eles, onde se pede de Deus: “Fazei que contemplem a luz de vossa face”.

A alegria de estar no Purgatório

Estamos habituados a ver o Purgatório como um castigo divino pelo passado de pecado do homem, uma espécie de "Inferno com saída". Mas não é assim. Na realidade é uma graça de Deus. A última graça concedida para que o homem se purifique em vista a um futuro junto dele. É a possibilidade gratuita que Deus lhe dá de poder amadurecer radicalmente no amor. É o instante em que o homem transforma completamente sua vida para poder contemplar Deus face a face e entregar-se a ele num abraço eterno. Por isso, durante a missa não se diz que os fiéis do Purgatório estejam atormentando-se, mas que "dormem já o sono da paz".

Sem dúvida, tinha razão Santa Catarina de Gênova quando escrevia: "Não há felicidade comparável à dos que estão no Purgatório, a não ser a dos santos no Céu. Este estado devia ser mais desejado que temido, pois suas chamas são chamas de imenso amor e nostalgia". Quanto nos falta, a nós do século XX, para poder chegar a este escrito do século XV!

O Purgatório é a esplêndida doutrina da esperança e da solidariedade cristãs. Ensina que a morte não acaba com as relações entre os homens; eles podem continuar ajudando-se, mediante atos de amor, da mesma forma como viviam aqui na terra.

O Purgatório é, afinal de contas, um grito sintético de que o amor é mais forte que a morte.

EM QUE ANO NASCEU JESUS?

No princípio era Roma

Quando Jesus veio ao mundo ninguém o estava esperando. Apesar de seu nascimento ter sido anunciado durante séculos pelos profetas e desejado ansiosamente pelo povo e pelos dirigentes de Israel, a notícia nem sequer se espalhou de tal forma que ficasse registrada.

Depois de sua morte, os primeiros cristãos não se preocuparam em averiguar a data de seu nascimento, mas sim em sair para pregar o Reino que acabava de fundar. E esta tarefa ocupou de cheio a Igreja, durante séculos, sem interessar-se pelos detalhes históricos de sua vida. No entanto, que calendário seguiam os milhares de milhares de cristãos que durante esses anos haviam abraçado a fé? Imersos como estavam no Império Romano e sendo ele que impunha as estruturas e normas da vida corrente, seguiam o cálculo empregado por Roma em toda a área de influência de seu governo.

O sistema consistia em contar o tempo a partir da fundação de Roma. Esse ano era considerado o 1°, e daí em diante se somavam os seguintes. Como dificilmente se lembravam no Império acontecimentos anteriores àquela longínqua fundação, não havia maiores dificuldades.

Para fazer alusão a esse calendário, colocavam-se as iniciais U.C., que significam *Urbis Conditae* (da fundação da cidade).

Não haviam percebido

Mas, ao entrar de cheio nos tempos cristãos, muitos começaram a pensar que a fundação da cidade de Roma, que havia sido pagã durante os mil primeiros anos de sua existência, não era a marca mais adequada para começar a contar os anos. Ao contrário, consideravam o nascimento de Jesus como o sucesso central da história.

A idéia se impôs com mais força quando, 450 anos depois de Cristo, o Império Romano desmoronou-se diante dos embates dos povos bárbaros. Já não existia mais nada que ligasse os cristãos com o Império, nem razão alguma para considerá-lo como o centro histórico de suas vidas. Era preciso criar outro calendário, que tivesse como eixo a pessoa de Jesus Cristo.

Então se deram conta de que ninguém sabia o dia, nem o mês, nem sequer o ano de seu nascimento, devido à omissão que dele fizeram os evangelistas. Estes escritos contam mais episódios isolados da vida do Salvador sobre a base de uma catequese oral prévia, mas não tinham a pretensão de dar uma cronologia exata de sua vida.

Pequeno que era gigante

Foi nesse momento que surgiu a figura de um monge chamado Dionísio, natural de Cítia, região da Rússia atual, mas que viveu quase toda a sua vida em Roma. Levava como sobrenome "o Pequeno", motivo pelo qual supunha-se ser ele de baixa estatura. Mas parece que ele mesmo quis levar essa alcunha, por humildade.

Era um dos homens mais eruditos de sua época, teólogo brilhante e grande conhecedor da história da Igreja e das cronologias. Por aquele tempo compusera uma célebre coleção de decretos dos papas e de decisões dos concílios com valiosos comentários próprios.

Este monge decidiu enfrentar a colossal tarefa de calcular a data do nascimento de Cristo. Para isso contava com algumas informações úteis que os Evangelhos podiam lhe dar. Assim, de São Lucas tomou o dado de que ao começar sua vida pública Jesus tinha uns 30 anos (cf. 3,12). Já era um bom começo. Mas, em que ano começou sua vida pública? Alguns versículos antes davam-lhe a resposta: no ano 15 do governo de Tibério César (Lc 3,1).

Quando Cristo se tornou o centro

Confrontando longas tabelas de datas e cronologias, Dionísio deduziu que o ano 15 de Tibério, em que Jesus saiu a pregar, correspondia a 783 U.C. Pois bem, tirando os 30 anos de vida de Jesus, concluiu que havia nascido em 753 U.C.

Para situar Jesus Cristo no começo de uma era, o 754 U.C. tinha de passar a ser o ano 1, o 755 o ano 2, e assim sucessivamente. Depois de cada número, Dionísio acrescentou as siglas "d.C.", isto é, "depois de Cristo". Por outro lado, aos anos anteriores ao nascimento de Cristo acrescentou "a.C.", isto é, "antes de Cristo".

Nesse novo calendário a fundação de Roma já não mais figurava no ano 1, mas no ano de 753 a.C. E Dionísio, que então se encontrava vivendo no ano 1275 do calendário romano (U.C.), deu-se conta que vivia no ano 526 da nova era cristã. Quão grande terá sido a emoção do monge ao se transformar no primeiro homem que soube em que ano depois de Cristo se encontrava!

A idéia do novo calendário teve um êxito extraordinário e começou a ser aplicada imediatamente em Roma. Pouco depois chegou à Gália (atual França) e à Inglaterra. Demoraria um pouco ainda a ser aceita na Espanha. E somente em 1422 chegaria a Portugal.

Pouco a pouco, e não sem vencer grandes dificuldades, atingiu todas as partes do mundo, pelos fins da Idade Média. A glória de Dionísio brilhou em cada rincão do mundo antigo e, quando morreu, catorze anos mais tarde, poder-se-ia anotar com orgulho em seu atestado de óbito que morrera "no ano 540 da era inventada por ele".

O imprevisto

Sabemos, no entanto, por historiadores modernos, que aquela difundida alegria vê-se hoje ofuscada: Dionísio se havia equivocado.

Com efeito, o Evangelho de Mateus traz o dado, não considerado por Dionísio, de que Jesus veio ao mundo "em tempos do rei Herodes" (2,1). E por Flávio Josefo, escritor romano contemporâneo de Cristo, sabemos que esse rei morreu no ano 4 a.C., poucos dias depois de um eclipse lunar ocorrido em 12 de março, que havia iluminado com sua luz sinistra a horrível enfermidade infecciosa do monarca.

Portanto, Jesus deve ter nascido pelo menos 4 anos antes do estabelecido por Dionísio.

Mas, quantos anos antes da morte de Herodes?

Se o acontecimento dos Magos do Oriente, relatado em Mateus 2, for substancialmente histórico, podemos deduzir que quando estes chegaram, encontraram Herodes sadio e ainda em Jerusalém. Ele os recebeu, realizou suas investigações e gozava de boa saúde, pois prometeu-lhes ir a Belém depois que eles voltassem e trouxessem notícias do menino.

Por outro lado, sabe-se que o velho monarca, ao sentir que sua saúde se agravava, atormentado pela enfermidade, foi levado até Jericó e às termas de Callíroe para tomar uns banhos curativos. Vendo que não melhorava, regressou a Jerusalém, onde veio a falecer pouco depois. Essa viagem aconteceu em novembro do ano 5, no começo do inverno. Temos de fazer, pois, um segundo acréscimo de meio ano e remontar-nos a meados do ano 5 a.C., para o nascimento do Messias.

A exatidão desejada

Se supomos como histórico o assassinato das crianças inocentes, ordenado por Herodes, temeroso de que alguém dentre eles lhe roubasse o trono, quantos anos teria Jesus quando isso aconteceu?

Este é o terceiro acréscimo que devemos fazer. Depois de calcular a data do nascimento de Jesus, Herodes ordenou que fossem mortas todas as crianças "de dois anos para baixo" (Mt 2,16). Ainda que o rei tivesse dilatado o tempo para que não se lhe escapasse a presa, pode-se pensar com razão que nesse momento Jesus tinha entre um e um ano e meio.

Muitos autores antigos lhe dão dois anos. Alguns evangelhos apócrifos contam também que ele tinha essa idade, quando da morte dos inocentes, e nas catacumbas não faltam pinturas que o representem já crescido. O próprio evangelho de Mateus diz que quando os magos chegaram, encontraram o menino já vivendo "em casa" (2,11) e não na gruta do nascimento, como costumamos representá-lo.

Acrescentando, pois, aos nossos cálculos esta nova margem de tempo, estamos já entre o final do ano 7 e meados do ano 6 a.C.

O ano perdido e encontrado

Mas, quanto tempo se passou entre a vinda dos magos e a doença de Herodes? Falta-nos somente este dado. Não parece, no entanto, que tenha sido muito tempo, já que, se retrocedermos alguns anos mais, nos distanciaremos bastante da idade que vimos indicada pelo evangelista Lucas quando diz que ao começar Jesus tinha uns 30 anos. Ainda que esta cifra seja aproximativa, temos de ficar em volta dos trinta. Acrescentando algum ano mais, deveria ter dito que Jesus tinha "uns 40 anos".

Portanto, a data provável de seu nascimento é o ano 7 a.C., e quando começou sua vida pública tinha uns 34 anos.

Alguns estudiosos querem fixar a data de nascimento de Jesus, fazendo outro caminho. Ou seja, através do censo mencionado por Lucas, realizado por Quirino e que motivou a viagem de José e Maria até Belém (2,1). Este caminho, contudo, já está descartado, devido ao caráter fragmentário das informações históricas acerca de Quirino, e especialmente pelo fato de que nenhuma fonte histórica menciona qualquer censo realizado no tempo do rei Herodes.

Conclusão: pelos dados dos Evangelhos e das demais fontes históricas, devemos afirmar que Cristo nasceu, paradoxalmente, no ano 7 a.C.!

Por uma era cristã II

Esta frase, em si contraditória, despertou em muitos a idéia de reformar nosso calendário atual e ajustá-lo com maior precisão ao nascimento do Salvador. Para isso propõem acrescentar os 7 anos que Dionísio esqueceu em seus cálculos. Desta maneira, em vez de nos encontrarmos no ano de 1997, estaríamos em 2004.

A proposta, embora atraente em sua intenção, é impraticável. Com efeito, já temos todos os acontecimentos históricos datados com esses 7 anos de defasagem. Mudálos um por um seria, além de um trabalho colossal, um verdadeiro quebra-cabeça. Como voltar a propor aos estudiosos de história que Júlio César não morreu no ano 44, mas sim em 37 a.C.? E que a primeira guerra mundial não começou em 1914, mas em 1921? Como fazer mudar tantos milhões de estudantes que têm mentalmente fixadas tantas datas, que Cristóvão Colombo não chegou à América em 1492, mas sim em 1499 e que a independência do Brasil não foi em 1822, mas sim em 1829?

Mas principalmente é uma iniciativa sem sentido, porque assim como está o calendário, com a diferença de 7 anos, ele também cumpre o desejo de Dionísio: recordar perpetuamente que, com a vinda de Cristo ao mundo, a história ficou dividida em duas; que o mundo antes dele não é o mesmo que o mundo depois dele; é o eixo do tempo em torno do qual gira todo o acontecimento humano. Com semelhante projeto pedagógico, os anos discordantes não afetam em nada seu objetivo inicial.

Existe o ano 2000?

Dentro de pouco tempo o mundo todo celebrará o advento do ano 2000. E já começam a surgir as aves de mau agouro com suas profecias sobre o fim do mundo, os vaticínios sobre catástrofes próprias de mudança de milênio e o ingresso numa nova era, regida por certos signos do zodíaco.

Isto não é de se estranhar. Os manuais de história contam que quando o mundo entrou no ano 1000 d.C., elevou-se também por toda a sociedade medieval um rumor de catástrofe e de desordens cósmicas que se alastrou como um fogo, espantando e transtornando a vida de milhões de pessoas. Agora que entramos num novo milênio, volta a se repetir aquela atávica atitude.

Mas à luz do que expusemos, alguém poderia perguntar-se: existe o ano 2000? Porque, embora nas relações internacionais tenha-se difundido o calendário dionisiano, no interior de muitos países e grupos religiosos ele não vigora. Para 19 milhões de judeus estamos no ano 5757. Para 800 milhões de muçulmanos estamos no ano 1417. Para os persas muçulmanos do Irã, o calendário lhes indica o ano de 1376. Os japoneses de religião xintoísta vivem agora no ano de 2656. Por sua parte, milhões de devotos de certos credos da Índia sustentam que estamos em 2054, e os chineses confucionistas vivem no ano de 2547.

Nem para os cristãos

Nem sequer as igrejas cristãs esperam com unanimidade um ano 2000. Os cristãos coptas do Egito estão no ano de 1713, os caldeus do Iraque, em 6746, os armênios, em 1443 e os sírios, em 2308. Se a estes números somarmos que os novecentos milhões de católicos estão defasados em 7 anos do verdadeiro início da era, cabe perguntar: Quando entraremos, de fato, no ano 2000? Para qual desses grupos chegará a nefasta data?

O ano 2000 não existe. É simplesmente um acordo convencional para colocar Cristo como o centro de nossa história. Por isso, é absurdo pensar que esteja chegando, em data próxima, alguma desgraça marcada pelo calendário.

Graças a Dionísio, Cristo reina em nossos almanaques. Embora não estejamos conscientes, toda data que escrevemos ao começar uma carta, fazer um recibo, assinar uma ata, preencher um cheque, lembram-nos de sua vinda a este mundo.

Ele é o centro de nossa história. Devemos, como conseqüência, viver de tal forma que também em nosso agir cotidiano seja ele o centro de nossa vida.

QUEM ERA O DISCÍPULO AMADO DE JESUS?

Os apóstolos do Mestre

Todos sabemos que Jesus escolheu doze apóstolos para que estivessem com ele, acompanhassem-no durante sua vida, e para enviá-los depois a anunciar a mensagem que o ouviram pregar.

E quando queremos saber como se chamavam esses doze apóstolos, basta recorrer ao Novo Testamento. Ali, quatro livros nos dão a lista completa de seus nomes: o Evangelho de Mateus (cf. 10,2-4), o de Marcos (cf. 3,16-19), o de Lucas (cf. 6,14-16) e os Atos dos Apóstolos (cf. 1,13).

O único evangelista que não oferece o elenco dos apóstolos é São João. No entanto, vai mencionando-os em diferentes episódios que relata em seu Evangelho, inclusive com muito mais freqüência que os outros evangelistas.

Desta forma, sabemos que aqueles doze apóstolos, colunas da Igreja primitiva, se chamavam: Simão Pedro e André, seu irmão; Tiago e seu irmão João; Felipe e Bartolomeu; Tomé e Mateus, o cobrador de impostos; Tiago, filho de Alfeu e Tadeu; Simão, o zelote, e finalmente Judas Iscariotes que o traiu.

O inominado

Mas além desses homens, que constituem o círculo de Jesus, e cuja identidade as listas nos revelam, aparece no quarto Evangelho um misterioso personagem. Trata-se de alguém muito próximo do Mestre, que com ele condivide seus momentos mais íntimos, que está até nos últimos versículos do Evangelho, mas cujo nome jamais vem mencionado. Vem simplesmente designado como “o discípulo amado”.

Nenhum outro Evangelho, além do de João, fala de sua presença, nem de sua existência.

A primeira vez que o vemos aparecer é na última ceia (cf. 13,23-26), quando reclina sua cabeça sobre o peito de Jesus e este lhe revela particularmente quem estava para traí-lo.

Não é mais mencionado senão quando Jesus se encontra agonizando na cruz (cf. 19,25-27). Então o discípulo amado é o único dos Apóstolos que está a seus pés, acompanhando o Mestre em seu tormento, e dele recebe a missão de cuidar de Maria, a quem de agora em diante deveria acolher como mãe.

Suas seis aparições

A terceira vez que aparece é no domingo de Páscoa, quando todos estão desconcertados porque não encontram o cadáver de Jesus. O discípulo amado, pois, corre até o sepulcro junto com Pedro e é o primeiro a acreditar na ressurreição do Senhor, quando ninguém podia ainda nem sequer imaginar semelhante portento (cf. 20,2-10).

Já no final do Evangelho (cf. 21,7), o discípulo a quem Jesus amava encontra-se pescando numa barca junto com Simão Pedro e os outros discípulos. Quando Jesus ressuscitado aparece de pé, na margem, é o único que o reconhece e comunica isso a Pedro.

Há outro episódio, no qual vemos o discípulo amado seguindo atrás e bem de perto a Pedro e a Jesus, e este profetiza sobre ele, dizendo que é capaz de fazê-lo permanecer neste mundo até sua segunda vinda (cf. 21,20-23).

O último dado que temos sobre sua pessoa é que ele constitui a fonte de informação das coisas que foram narradas no Evangelho (cf. 21,24).

No total contam-se seis aparições desse estranho personagem, do qual não se nos dá absolutamente nenhuma informação, nem como era chamado, nem sua pátria, nem sua família, nem sua profissão, nem seu temperamento, mas somente que contava com o particular privilégio de ser especialmente amado por Jesus.

Uma proposta com motivo

Quem é este enigmático discípulo que sempre se apresenta nos momentos-chave do Evangelho e mostra um estreito vínculo com Jesus? É um dos doze apóstolos que conhecemos? Trata-se de algum outro seguidor do Senhor, sobre o qual não nos chegou nenhum outro sinal especial? É alguém que aparece depois em outros relatos distintos do Evangelho de João?

No decorrer dos séculos os estudiosos da Bíblia sugeriram as mais diversas soluções para resolver este mistério, e as opiniões dos exegetas se dividiram a respeito.

Um grupo deles supõe que se trata de Lázaro, aquele jovem a quem Jesus ressuscitou depois de quatro dias de morto. De fato, é o único personagem masculino do Evangelho sobre o qual se diz que Jesus o amava, e o autor o repete quatro vezes durante o relato de sua ressurreição (cf. 11,3.5.11.36). Além disso, há que se notar como todas as passagens relativas ao discípulo amado no Evangelho de João aparecem depois da ressurreição de Lázaro.

Inclusive chegou-se a sugerir que o discípulo amado foi o primeiro a reconhecer Cristo ressuscitado precisamente porque era Lázaro, que já havia passado pela mesma experiência.

Dificuldades que pesam

Torna-se, porém, impensável admitir que de uma mesma pessoa se fale às vezes anonimamente, e outras vezes ela seja citada com seu nome, sem informar-nos que se trata da mesma pessoa, quando os Evangelhos são tão cuidadosos em evitar confusão entre os apóstolos. Neste sentido costumam citar, junto com seus nomes próprios, os de seus pais, ou de sua pátria, ou sua atividade (como quando se distingue Tiago, filho de Alfeu e Tiago, o menor; Judas, irmão de Tiago e Judas Iscariotes; João, filho de Zebedeu e João, o Batista) para diferenciá-los entre si.

Além disso, o discípulo amado esteve na última ceia, reclinando sua cabeça no peito de Jesus. E sabemos através de Mateus (cf. 26,20) que dela participaram somente os doze apóstolos, aos quais não pertencia Lázaro.

Portanto, torna-se difícil defender esta solução.

Outros rejeitados

Um candidato igualmente sugerido pelos autores é o jovem rico, que um dia se aproximou de Jesus para lhe perguntar o que devia fazer para ganhar a vida eterna. Esta hipótese baseia-se em relato de Marcos que afirma que "tendo olhado para ele, Jesus se simpatizou com ele" (10,21).

Mas não parece provável que o discípulo a quem Jesus amava tanto seja precisamente o único que em todo o Evangelho recusou o convite para seguir o Senhor, preferindo as riquezas e distanciando-se dele. Pior ainda, Jesus apresentou-o como contratestemunho e exemplo das nefastas conseqüências que o apego às riquezas pode trazer a um homem. Como é que sai depois amando-o mais do que os outros que tinham deixado tudo para segui-lo?

Um terceiro que tem sido insinuado é Natanael, aquele discípulo mencionado uma só vez por João e a quem Jesus, quando o viu, lhe disse que era "um verdadeiro israelita, em quem não há maldade" (Jo 1,47). E ele mesmo proclamou Jesus como Filho de Deus e Rei de Israel.

Embora vários estudiosos tenham-no proposto como o discípulo amado, o principal obstáculo está em que nenhum dos outros três evangelistas fala sobre ele e nem sequer sabem que tenha existido um discípulo chamado Natanael. Como pode ter estado tão perto do coração de Jesus e ser ignorado por outros evangelistas e por todos os outros livros do Novo Testamento?

As sugestões unânimes: João

Quem realmente leva vantagem na tentativa de ocupar o lugar do discípulo amado é o apóstolo João, o próprio autor do quarto Evangelho.

De todas as propostas que se fizeram é a que pesa mais e a que atrai a maior parte dos estudiosos e leitores da Bíblia. Em primeiro lugar, porque é quase tão velha como o próprio Evangelho. Já no século II, Santo Irineu afirmava que João, o discípulo do Senhor, que se reclinou sobre seu peito, escreveu o quarto Evangelho. Nenhuma outra hipótese tem o privilégio de contar com uma tradição tão antiga.

Por esta mesma época, Polícrates, bispo de Éfeso, conta a mesma notícia. E desde então, numa cadeia ininterrupta que chega até nossos dias, sucederam-se em todas as épocas os sustentadores da pessoa de João como o discípulo amado, a tal ponto de silenciar todas as vozes discordantes.

Um silêncio que faz pensar

Um detalhe curioso do quarto evangelho parece confirmar essa hipótese. Trata-se do fato de que é o único dos quatro evangelhos que nunca cita o apóstolo João. Silêncio este deveras surpreendente, uma vez que menciona os demais apóstolos (Simão Pedro, André, Felipe, Tomé) muito mais vezes do que os outros três o fazem. Sobre João, porém, guarda um silêncio absoluto.

Este pormenor foi interpretado no sentido de que o próprio autor, João, o discípulo amado, quis deliberadamente silenciar, por modéstia e humildade, seu nome, para não pôr em evidência diante dos demais essa predileção especial do Mestre para com sua pessoa. O apelativo "discípulo amado" que ele mesmo atribui a si não seria senão uma discreta alusão anônima, própria da alma delicada de João.

Por outro lado, consta pelos demais Evangelhos que João pertencia ao pequeno grupo de três apóstolos preferidos pelo Senhor, ao lado de Pedro e Tiago. Com efeito, Jesus quis transfigurar-se somente diante desses três (cf. Mc 9,2). Somente a eles permitiu acompanhá-lo para ressuscitar a filha de Jairo (cf. Mc 5,37). Somente com eles agonizou na noite antes da crucifixão (cf. 14,33). Somente para eles mudou o nome e lhes deu um novo (cf. Mc 3,16-17). E somente a eles, juntamente com André, revelou os pormenores do fim do mundo (cf. Mc 13,3).

Não é de se estranhar, pois, que Jesus tivesse privilegiado um deles, neste caso, João, o único dos doze que, segundo a tradição, não era casado.

Quando a hipótese se desfaz

A estas afirmações e indícios, contudo, colocam-se alguns argumentos que levam a questionar a figura do discípulo amado.

Em primeiro lugar, se João, o autor do Evangelho, é o discípulo amado, teria ele se elegido como o herói do Evangelho, o exemplo mais perfeito de apóstolo? Teria ele chamado a si mesmo desta forma, como dizendo "eu era seu predileto, ele amava somente a mim, dentre todos eu era o preferido"? Não teria sido uma arrogância muito grande? E teria feito isto em nome da modéstia e da humildade?

Mas é com base na diferença de características entre ambos que se nos desaconselha identificar o apóstolo João com o discípulo amado.

João aparece nos Evangelhos como um homem ambicioso, com um temperamento explosivo, com um coração intolerante. Tão violento era seu caráter, que estava disposto a fazer desaparecer uma aldeia de samaritanos com fogo do céu, porque não o quiseram receber quando a caminho de Jerusalém (cf. Lc 9,54). Tão ambicioso, que pediu para ocupar com seu irmão os primeiros lugares no reino que Jesus estava por fundar (cf. Mc 10,35-37). Tão exclusivista, que uma vez proibiu alguém curar a um enfermo em nome de Jesus, porque não pertencia a seu grupo, o que lhe valeu uma repreensão por parte de Jesus (cf. Mc 9,38).

Por outro lado, a figura do discípulo amado é a figura do amor. É o ideal de discípulo, o cristão completo. É o único dos apóstolos que nunca aparece fora do lugar, nem é repreendido por Jesus.

É, particularmente, este último o que termina por convencer-nos de que não se trata de João. E talvez de nenhum dos demais apóstolos ou discípulos conhecidos. É demasiado perfeito, demasiado brilhante. Tem sempre uma atuação tão correta e virtuosa que parece não ser alguém real do círculo de Jesus.

A melhor solução

Talvez tudo isto nos esteja dando a chave para a resposta.

O discípulo amado não existiu. Ou melhor, se existe, somos todos nós. Não se trata de uma figura real, mas de um símbolo daquilo que deve ser todo verdadeiro seguidor de Jesus.

É o perfeito discípulo cristão, que acompanha Jesus em sua dolorosa Ceia e que se assenta tão perto dele que é capaz de reclinar a cabeça sobre seu peito para escutar as últimas confidências que o Mestre lhe faz, enquanto os demais estão distraídos, discutindo sobre os primeiros lugares.

É o único que não tem medo de acompanhá-lo na cruz, quando todos o abandonam. De segui-lo até as últimas conseqüências, não só quando era aclamado pelas multidões. E como prêmio de sua perseverança, recebe de presente a maternidade de Maria.

Quando, no domingo da ressurreição, todos estão desconcertados, sem saber o que aconteceu com o corpo de Jesus, é ele que imediatamente crê em sua ressurreição, apenas com um olhar para o interior da tumba.

É ele que tem os olhos tão puros que o descobre, distante, na pesca milagrosa, quando ninguém o reconhece.

Um retrato para todos

Ele é aquele que segue de perto a Jesus e também a Pedro, ou seja, a hierarquia da Igreja, sem se julgar, por mais amado que tivesse sido, com poder de mando nem de superioridade na comunidade.

É, enfim, aquele que é capaz de dar testemunho do escrito no Evangelho, porque toda sua vida foi viver o que pregava.

São João, pois, como autor do Evangelho, não estava pensando numa pessoa histórica quando falava do discípulo que Jesus amava. Muito menos procurou retratar-se, ele mesmo, no Evangelho, mas a todos aqueles que ao longo da história se esforçam em viver como o Mestre mandou. Estes são os verdadeiros discípulos. Estes são os amados de Jesus.

João quis, de alguma maneira, proceder como esses fotógrafos que, para fazer mais atraente a fotografia, apresentam um painel de papelão com o retrato de algum personagem sem a cabeça. Aí, alguém, ao colocar seu próprio rosto, pode aparecer na foto como se a imagem fosse sua.

Assim também o Evangelho oferece, na apresentação desse discípulo, um personagem sem rosto, anônimo, onde cada um de nós, apenas seguindo de perto o Mestre e vivendo como ele ordenou, pode colocar nela sua cabeça e converter-se no discípulo amado de Jesus.

PODE-SE PROVAR A RESSURREIÇÃO DE JESUS?

A nova teoria

Há algum tempo, uma revista de atualidades publicou uma entrevista com o escritor Walter Maggiorani, o qual fizera revelações surpreendentes, fruto de suas investigações.

Maggiorani é um estudioso do Santo Sudário, o sagrado lençol que se conserva em Turim e que, segundo uma tradição muito antiga, apoiada por numerosos ramos da ciência, teria envolto o corpo de Jesus no momento de sua sepultura. E este autor sustenta ainda que o sangue que se encontra no sudário não pertence à paixão de Jesus, como tradicionalmente se crê, mas brotou de seu corpo quando já estava ressuscitado.

Em se confirmando suas análises, Maggiorani tinha conseguido algo que pela primeira vez é possível na história: provar cientificamente a ressurreição de Cristo.

O fundamento de sua afirmação ele o encontra no fato de o Evangelho segundo o qual, ao ser crucificado Jesus, o céu ficou totalmente *escuro*. Esse *escuro* significaria que durante o tempo em que Jesus esteve em agonia na cruz caiu uma chuva violenta e prolongada, que deveria ter limpado o sangue do cadáver suspenso no madeiro. Quando, às cinco da tarde, baixaram da cruz o corpo assim lavado, este somente teria as manchas do sangue que brotou do lado aberto, já que o golpe de lança desferido pelo soldado romano (cf. Jo 19,31-36) teria sido a única ferida ocasionada depois da chuva.

Para enterrá-lo segundo os ritos dos judeus, tinham-no limpado completamente, inclusive o sangue escorrido de seu lado.

As novas conclusões

Se o sepultaram limpo e devidamente ungido, como é que o Santo Sudário está repleto de manchas de sangue, dos pés à cabeça? Maggiorani responde: são restos de sangue de Jesus ressuscitado. Por isso sua análise revela propriedades muito especiais. Por exemplo, em vez dos quatro ou cinco milhões de glóbulos vermelhos que normalmente uma pessoa tem, esta comportaria mais de onze milhões, por milímetro cúbico!

E para que serviria Jesus ter mais que o dobro dos glóbulos vermelhos em seu novo corpo ressuscitado? Para redobrar o metabolismo aeróbico celular, contesta. Ou seja, para poder respirar mais oxigênio e liberar mais anídrido carbônico, o que estaria mais de acordo com a condição de homem ressuscitado.

Desta maneira afirma ter descoberto as *provas científicas* da ressurreição.

Toda esta série de afirmações carece de seriedade, já que oscila entre a ciência-ficção e o absurdo. De fato, o pouco que as analisarmos, elas deixam transparecer graves erros teológicos, filosóficos, científicos e históricos.

Esclarecendo o "obscuro"

Em primeiro lugar, toda a argumentação de Maggiorani centra-se na famosa "chuva" que teria caído quando o céu se escureceu entre as doze e quinze horas da sexta-feira santa, enquanto Jesus agonizava (cf. Mc 15,33).

Mas na verdade não houve tal chuva, porque não houve nenhum obscurecimento real do sol naquele dia. Quando São Marcos afirma que "chegando o meio-dia, uma escuridão se abateu sobre toda a terra até às três da tarde", não está relatando um fenômeno atmosférico acontecido realmente, mas empregando uma figura simbólica. Com isso quer expressar que toda a natureza e o cosmos associavam-se à dor da morte de Jesus.

É um recurso literário muito usado pelos escritores na antigüidade. O poeta Virgílio, por exemplo, refere que ao morrer Júlio César ocorreram na natureza fenômenos semelhantes. O mesmo se diz da morte de Rômulo, o fundador de Roma, e de certos rabinos famosos dos primeiros séculos.

Este detalhe é simbólico. Isto se vê pelo exagero de Marcos quando afirma que a escuridão caiu "sobre toda a terra", fenômeno este meteorologicamente impossível, e que não ficou registrado na memória de nenhum povo.

Os ecos de uma profecia

Há, no entanto, uma razão mais forte pela qual Marcos narra o obscurecimento do sol. Um profeta do século VIII a.C., chamado Amós, ao falar dos finais dos tempos e do julgamento de Deus, profetizara: "Acontecerá naquele dia — oráculo do Senhor — que farei o sol declinar em pleno meio-dia e escurecerei a terra em um dia de luz" (8,9).

Essa imagem vigorosa, própria da mentalidade da época, foi a inspiradora de Marcos para relatar esse detalhe da morte de Jesus.

Mas por que o fez, se na realidade não tinha acontecido tal fenômeno? Pela mesma razão pela qual escreveu todo o seu evangelho. Não para expor fatos puramente históricos, mas para explicar o que aqueles fatos representavam para toda a humanidade.

Ao dizer que ao meio-dia o sol se escurecera, referindo-se ao profeta Amós, o evangelista constatava que, com a morte desse homem suspenso na cruz, o final do mundo chegara, ou ao menos o final de um mundo e o começo de outro novo, inteiramente diferente.

Foi sepultado não completamente preparado

Pois bem, não tendo existido chuva alguma no momento da morte de Jesus, tampouco pôde ter-se lavado seu cadáver manchado com o sangue da paixão. O próprio Marcos o confirma ao relatar que quando tiraram o corpo da cruz, por ser aquele dia véspera do sábado e por não ter tempo para lavá-lo e embalsamá-lo como se devia fazer, simplesmente o envolveram num lençol e o puseram no sepulcro (cf. 15,42-47).

E por que um grupo de mulheres foi no domingo de madrugada até o sepulcro com perfumes e ungüentos, desejando ir até onde estava o cadáver? (cf. 16,3). Simplesmente porque o tinham deixado sujo e ensangüentado, e queriam concluir agora os ritos próprios do sepultamento.

Portanto, o cadáver de Jesus não havia sido submetido ao tratamento funerário completo, como sustenta Maggiorani. E foram os restos de sangue de sua paixão que tinham ficado sem limpar que impregnaram o lençol em que foi envolto.

Nem Paulo o sabia

É irrelevante na tentativa de provar a ressurreição que Maggiorani tenha conseguido contar os glóbulos vermelhos do sangue do Santo Sudário.

Em primeiro lugar, de quantos outros ressuscitados teve ele a oportunidade de analisar o sangue, para afirmar que este com onze milhões de glóbulos vermelhos pertence ao mesmo tipo?

Por outro lado, segundo ele um sangue assim teria *faculdades revitalizantes.* Isto, contudo, é desconhecer os ensinamentos da teologia sobre a ressurreição. É verdade, não sabemos com que corpo ressuscitaremos logo depois da morte. Nenhum teólogo, porém, concebe que teremos um corpo com as características biológicas do atual.

São Paulo, escrevendo aos coríntios que se perguntavam sobre este detalhe, dizia-lhes: "Mas alguém perguntará: como ressuscitam os mortos? Insensatos!... Semeia-se um corpo animal e ressuscita-se um corpo espiritual" (1Cor 15,36-44).

Não conhecemos, pois, nosso ser futuro, mas sabemos, sim, que ele não terá nenhuma das qualidades do nosso corpo atual, submetido às leis do tempo, do espaço e da biologia.

Portanto, de nada teria servido a Jesus que o novo corpo que assumia em sua recente ressurreição pudesse oxigenar-se melhor que antes, nem aperfeiçoar seu metabolismo, já que para onde agora se dirigia em seu novo estado não era nenhum lugar daqui, da terra, e sim nada menos que a eternidade de Deus.

À fé o que é da fé

No final de suas declarações, Maggiorani afirma ter encontrado as provas científicas da ressurreição. Para ele, o objeto central de toda a fé cristã, o que foge a todo entendimento, o que supera toda comprovação, o que nem olho viu nem ouvido ouviu, o acontecimento meta-histórico por excelência, pode agora ser conhecido graças a uma simples análise hematológica.

Assim já não é preciso crer. Porque quando algo pode ser visto, comprovado, conhecido empiricamente, desaparece a fé. Só podemos ter fé naquilo que não se pode comprovar, nem demonstrar.

Para São Paulo, a ressurreição se conhece pela fé. Por isso escrevia, feliz: “Portanto, se com tua boca confessares o Senhor Jesus e com teu coração creres que Deus o ressuscitou dos mortos, serás salvo” (Rm 10,9).

Para Maggiorani, não precisamos da fé. Basta confiar nos resultados do microdensitômetro, com seu assombroso resultado de oitenta e seis por cento de glóbulos vermelhos em vez do normal quarenta e cinco por cento.

O esforço que não se poupa

O artigo da mencionada revista que acabamos de comentar trazia um dado mais surpreendente ainda: o Vaticano havia dado sua "aprovação eclesiástica" à nova teoria. Trata-se, certamente, de uma afirmação superficial e sem seriedade alguma. Jamais a Igreja poderia pronunciar-se sobre uma teoria científica, porque seu papel é o de velar pelas verdades da fé.

A ressurreição não pode ser demonstrada cientificamente, porque é algo que escapa aos sentidos. É um fato ocorrido fora da história, para além de nossa dimensão, e que não deixou nenhum vestígio material neste mundo.

Desta maneira Jesus realizou sua parte no plano de salvação. Resta o trabalho pessoal de cada um, de crer que isto aconteceu realmente.

Maggiorani não conseguiu provar nada. Muito menos é questão de tempo. Nenhuma análise científica futura, nem do Santo Sudário, nem de alguma outra realidade, poderá conduzir-nos à ressurreição de Jesus. Todos os estudos pararão sempre um momento antes, ou seja, na porta de entrada, no último momento de sua morte. O que vem depois é questão de fé.

Nem a ciência, nem a técnica, nem o progresso, jamais poderão poupar-nos deste supremo esforço.

PERGUNTAS PARA REFLETIR E DISCUTIR EM GRUPOS SOBRE OS TEMAS BÍBLICOS TRATADOS

Um grande número de catequistas têm utilizado o primeiro volume de *Que sabemos sobre a Bíblia?* para preparar suas aulas e elaborar temas de discussões e reflexões em grupos. Muitos deles me sugeriram incorporar um questionário que servisse de guia na revisão dos temas. Assim, coloquei algumas poucas perguntas referentes aos temas. Estão num capítulo à parte e não no final de cada tema, para não interromper a leitura corrida do livro e, por sua vez, permitir seu uso em atividades em grupo.

Quem pôs capítulos na Bíblia?

1) A Bíblia foi classificada e enumerada em todas as formas possíveis para facilitar sua leitura. Quanto tempo por dia ou por semana eu me dedico à leitura da Palavra de Deus?

2) Jesus, na Sinagoga de Nazaré, sentiu que nele se cumpria o que lia do profeta Isaías, na Bíblia. Como eu faço para que se cumpra em mim a Palavra que leio na Bíblia?

O mundo foi criado duas vezes?

1) Que imagens de Deus se desprendem do capítulo primeiro e segundo do livro do Gênesis? Você encontra entre elas contradições ou elas se complementam?

2) Que imagem de Deus podemos fazer hoje, graças à ciência e à técnica modernas? É incompatível com a do Gênesis?

Os patriarcas do Antigo Testamento viveram muitos anos?

1) Que pensa o povo hoje, quando alguém morre jovem?

2) Quando podemos dizer que a vida de alguém, que já morreu, teve sentido?

3) Antes se pensava que só a quantidade de anos vividos era sinal de bênção de Deus. Hoje quais seriam os sinais que nos indicam que a vida de uma pessoa foi abençoada por Deus?

4) Em que sinto que Deus me abençoa em minha vida de cada dia?

Somos todos descendentes de Noé?

1) Em que perigo posso cair, se interpreto a Bíblia ao pé da letra?

2) Você conhece algumas interpretações ao pé da letra que as seitas fazem de determinadas passagens bíblicas? Quais? O que você pensa a respeito? Você acha que, hoje, as nações do mundo todo se respeitam como irmãos e descendentes de uma família comum? O que lhes falta?

O Deus de Israel era Javé ou Jeová?

1) Que sentido tinha na Bíblia a proibição de usar em falso o nome de Deus em Êxodo 20,7?

2) Atualmente, que atitudes nossas indicam que temos tomado o nome de Deus em vão na sociedade?

3) Por que os ateus não crêem em Deus? Que parte de culpa temos nisto nós cristãos?

A Bíblia proíbe fazer imagens?

1) Que sentido tinha a imagem para os povos do Antigo Testamento? Que sentido tem para os católicos de hoje?

2) Há abusos entre o povo simples em relação ao uso das imagens no culto? Quais?

3) Com que atitudes procuro forjar em minha vida a autêntica imagem de Cristo?

Segundo a Bíblia, o Purgatório existe?

1) O que popularmente se crê sobre o Purgatório?

2) Se a existência do Purgatório é dogma de fé, quais são os pontos que a Igreja oficialmente propõe para a crença de seus fiéis?

3) Há sentido rezar pelos nossos defuntos? Por quê?

4) Que atitudes diárias eu realizo para purificar minha vida de minhas más ações?

Em que ano nasceu Jesus?

1) Como se contavam os anos antes do nascimento de Cristo?

2) Com que objetivo se criou um calendário que punha como centro de tudo o nascimento de Cristo?

3) Apesar de tudo me lembrar permanentemente Cristo, que lugar real ele ocupa em minha vida?

Quem era o discípulo amado de Jesus?

1) Quais as características que se depreendem da personalidade do discípulo amado?

2) Algum dos apóstolos que conhecemos tinha essas características?

3) Que características deve reunir atualmente um verdadeiro discípulo de Jesus?

Pode-se provar a ressurreição de Jesus?

1) Segundo São Paulo, pode-se demonstrar experimentalmente a ressurreição de Cristo?

2) Hoje em dia poderíamos demonstrar cientificamente a ressurreição de uma pessoa? Por quê?

3) Se, conforme a Bíblia, tudo o que se refere ao além não pode ser demonstrado, mas é questão de fé, que dizer de todos esses livros que pretendem demonstrar "cientificamente" a vida depois da morte?

4) Que penso sobre a existência de outra vida?

ÍNDICE